La tra[illegible] digital de una redacción y el periodismo móvil (*mojo*)

Dear Nick,

Your energy and good advise in Mojo were what made all this possible!

Thank you so much!

Pipo Serrano

May 2017.

La transformación digital de una redacción y el periodismo móvil (*mojo*)

Estrategia, herramientas y todos los secretos del periodismo móvil

Pipo Serrano

Prólogo de Josep Cuní
Entrevistas a Glen Mulcahy, Nick Garnet, Björn Staschen, Mark Eagan, Paul Gailey y Corinne Podger

EDITORIAL UOC

Director de la colección Manuales (Comunicación): Lluís Pastor

Diseño de la colección: Editorial UOC
Diseño de la cubierta: Natàlia Serrano

Primera edición en lengua castellana: marzo 2017

Rambla del Poblenou, 156
08018 Barcelona
http://www.editorialuoc.com

Realización editorial: dâctilos
Impresión: Prodigitalk

ISBN: 978-84-9116-757-0
Depósito legal: B 8153-2017

Autor

Pipo Serrano

Periodista. Subdirector y editor digital de los programas de *8 al dia*, de los servicios informativos de 8tv (Grupo Godó), e interlocutor de *8 al dia* con la cadena norteamericana CNN. Asesor y consultor digital. Profesor titular de Periodismo digital y Social media en CEA & University of New Haven y del máster de Periodismo BCN_NY de la Universidad de Barcelona y la Columbia School of Journalism. Experto en dinámicas de periodismo móvil (*mojo*).

Anteriormente desarrolló su carrera profesional vinculado a la radio, con la que ha compartido más de quince años de romance en emisoras de ámbito nacional (Punto Radio, Onda Cero) y catalán (RAC1, Catalunya Ràdio, RNE4). En ellas, escribió guiones, subdirigió y dirigió programas, creó nuevos formatos y espacios, y los llevó a cabo y presentó a través de las ondas.

A Laia, India y Nico, que alumbran mi camino,
me susurran al oído, me escuchan y a quienes tantas
horas les he robado con mi pasión por lo que hago.

A ti, papá, por tus sabios consejos y por estar siempre ahí.

A Josep Cuní, por creer en mí y por dejarme
crecer con él aprendiendo día a día.

Índice

Prólogo: el cambio es el mensaje 13

Capítulo I. ¿Quiénes somos y qué hacemos? 17
Introducción 17
1. *8 al dia*, un reto en lo digital 20
2. El escenario: una redacción analógica 23
3. El lenguaje televisivo 24

Capítulo II. El principio del cambio 27
1. Analizando la identidad digital de *8 al dia* 27
1.1. La web de *8 al dia* 27
1.2. El perfil de Twitter de *8 al dia* 28
1.3. La página de Facebook de *8 al dia* 30
1.4. El chat de WhatsApp de *8 al dia* 30
2. Dibujando la estrategia digital 31
3. Creando un equipo digital 33
4. Una transformación exprés 35
5. Los *players* en la era digital: Twitter, Facebook… 36
6. Escuchando nuevas propuestas 41
7. Los primeros resultados 42

Capítulo III. Las herramientas necesarias para una redacción 2.0 47
1. Nuestras herramientas digitales 47
1.1. Las métricas y analíticas 48
1.2. La web del programa 50

1.3. Las redes sociales y la mensajería instantánea ... 55
1.4. Los vídeos ... 60
1.5. La llegada de Snappy ... 65
1.6. Las visualizaciones y el periodismo de datos ... 70
2. El contenido es el rey ... 74
3. Derechos de autor, de imagen y demás derechos. ¿Qué podemos publicar o emitir? ... 75
4. Innovar, innovar, innovar... Sin prisa pero sin pausa ... 78
5. Las emisiones en directo: Periscope y Facebook Live ... 79
5.1. Las principales plataformas de *streaming* ... 81
5.2. Consejos para emitir en directo ... 85
5.3. Periscope Producer, Facebook Live y YouTube Live: otro tipo de emisiones ... 87
6. La implicación de la redacción ... 89

Capítulo IV. El periodismo móvil ... 95
1. Mi incursión en el periodismo móvil ... 96
2. La filosofía del periodismo móvil ... 99
3. Referentes del periodismo móvil ... 102
3.1. Glen Mulcahy ... 104
3.2. Nick Garnett ... 106
3.3. Björn Staschen ... 109
3.4. Mark Eagan ... 111
3.5. Paul Gailey ... 115
3.6. Corinne Podger ... 117
4. Ellos siempre están en contra ... 120
5. El periodismo móvil, ¿una amenaza para los cámaras? ... 122

6. El móvil, la amenaza de los periodistas del siglo XXI 124
7. Introduciendo el periodismo móvil en *8 al dia* 125
7.1. Iu Andrés 129
8. El kit básico para el periodista móvil 133
8.1. *Gadgets* 134
8.2. Las aplicaciones 138
9. Aspectos técnicos que hay que tener en cuenta. ¿Android o iPhone? 142
10. ¿Falsos directos o directos? Los secretos en plena acción 144
11. Enviando nuestra grabación a la redacción 147
12. La edición de los contenidos desde el móvil 147
13. El papel del móvil para corresponsales o coberturas especiales 148
13.1. Albert Segura 149
14. Las emisiones en directo gracias al periodismo móvil 152

Capítulo V. Los nuevos retos 155
1. Los *gadgets* 155
2. La revolución del periodismo inmersivo o 360° 156
3. El periodismo de móvil a móvil 158

Capítulo VI. Resultados 159
1. ¿Prueba-error? El único termómetro 159
2. La respuesta de la redacción 160
3. De la web a la televisión. El móvil y la inmediatez 161

Epílogo 163

Prólogo: el cambio es el mensaje

Lo admito. Mi prevención inicial a toda novedad tecnológica es notable. Será por cuestión generacional, que no es más que un eufemismo de la edad, o por incapacidad intelectual, pero lo es. En mi descargo apelaré a mi antológica indiferencia ante la mecánica, para desesperación de mi padre, que no entendía que cuando, por razones obvias, tenía que abrir con cierta frecuencia el capó de mi primer coche, un Seat 600 de ¡quinta mano!, mi incapacidad para distinguir el tipo de avería fuera tan evidente. Antes, en el bachillerato, ya había dado muestras de desgana en las clases de física; por eso opté por las letras, aunque suene a tópico raído. Por otra parte, llevo acumulados años y experiencias profesionales con marcados ejemplos negativos que podrían ser usados en defensa propia. He conocido a directores técnicos muy capaces y didácticos alternados con otros toscos y limitados para hacerse entender, y que intentaban disimular su ineptitud amparándose en la compra permanente de máquinas de última generación que acababan siendo un lastre para el trabajo real de los profesionales de algunas de las empresas mediáticas en las que he trabajado. Y he sufrido la aplicación de programas informáticos supuestamente revolucionarios que no han hecho otra cosa que ralentizar el trabajo habitual de los periodistas, colectivo por otra parte tendente a apurar el tiempo hasta el último minuto, y achacarle cualquier responsabilidad del retraso a la máquina que te resuelve la vida. Demasiadas veces me he sentido conejillo de índias para experimentos frustrados y avances truncados. Junto a excelentes ingenieros con visión práctica del trabajo, he convivido con algún «profesor Franz de Copenhague» a quien envío mi reconocimiento por tanta imaginación y tan poco pragmatismo.

Nada de eso ha evitado, sin embargo, que una vez observada críticamente la nueva aplicación tecnológica y olfateado su futuro, no haya intuido que el ingenio en cuestión había llegado para quedarse y debía hacerlo mío porque su uso masivo implicaría unos cambios personales tan profundos como socialmente irremplazables. Y ahí está el móvil.

Durante años se salvaba a la radio de su muerte anunciada gracias a su inmediatez y capacidad de adaptación. Allí donde había un teléfono, se decía, había radio. De las centralitas locales primero, a las cabinas públicas y los fijos domésticos después, hasta los móviles de última generación ahora. De la plaza del pueblo al comedor del hogar para acabar en el bolsillo del ciudadano en ¡solo cincuenta años! Y era cierto que la evolución de aquellas facilidades para llamar corría de la mano de alternativas a la radio, situada siempre en el centro de la diana. Dispararle salía gratis mientras su fortaleza no hacía más que crecer porque «el medio era el mensaje», como sentenció McLuhan. La televisión no podía competir con ella porque el despliegue técnico que precisaba siempre le hacía llegar tarde y emitir después. Los preparativos de una retransmisión planificada eran inacabables y ante los imprevistos no tenía nada que hacer más que trasladar rollos de película y cintas de vídeo mediante cualquier tipo de transporte motorizado que tuviera a mano, que llegaban a su destino vete a saber cuándo. Los satélites eran ciencia ficción y ese trabajo, una dimensión desconocida porque la fotografía siempre se reducía a un rollo. Suena a «lejano Oeste», pero forma parte de la memoria vigente de quienes llevamos algunas décadas acumuladas. Y como esto hoy ya no es así, creo que merece la pena dejar constancia del contraste.

Allí donde hay un móvil hay radio, pero también hay televisión; luego, hay noticia divulgada sonora y visualmente. Y eso ya no tendrá límites ni en la distancia ni en el tiempo. Es tan posible hacerlo con un partido de fútbol como con una algarada callejera, con desfiles de moda o manifestaciones reivindicativas, declaraciones protocolarias o falsas ruedas de prensa como las de Donald Trump, que ha descubierto que no necesita el servicio del mensajero para hacer llegar su imposición; le basta con su cuenta de Facebook Live para impactar al instante a cinco millones de seguidores. Excepto en el caso de algún partido de fútbol, no hay programa de *prime time* de ninguna cadena convencional española que los agrupe. ¡Ya les gustaría! Pero también esto forma parte del pasado, no por menos remoto más nostálgico.

Siendo pues eso así, la crónica periodística ya se la puede grabar y emitir uno mismo. Para las entrevistas cortas y las breves respuestas institucionales ya no es necesario el apoyo del técnico, a modo histórico, a pesar de seguir siendo una figura imprescindible para garantizar la calidad de documentos de mayor enjundia donde el enfoque debe ser nítido, el movimiento estable o inexistente, y el registro bueno y eficaz para no alterar ni condicionar el contenido al que se sirve. De momento. Con todo esto en manos de cualquier aficionado, ¡cómo no va a convertirse este trabajo en la base de la auténtica revolución informativa!

De esa evolución tecnológica permanente, de ese cambio positivo constante y de esa mejora en la percepción y elaboración del trabajo de los periodistas que seguimos en el tajo de la noticia, va el volumen que tienen en sus manos. Y nos lo cuenta alguien que lo ha vivido. Que se ha visto obligado a pasar de la teoría a la práctica y demostrarse a sí mismo que lo que decía saber intelectualmente tiene sentido profesional y no reduce su destino social. Al contrario, lo amplía porque solo mejora el medio mientras deja incólume el mensaje. Tanto, que lo desnuda y advierte de sus tendenciosidades amparadas en la falsa impunidad del anonimato. En esto consiste ahora la segunda fase de la revolución: en corregir los abusos de la guillotina para asentar lo positivo del sistema y garantizar las razones positivas de la transformación reclamada. Y darles a los profesionales la oportunidad de convertirse ellos mismos en medio y mensaje a la vez gracias a su conocimiento y su experiencia, que son la base de su solvencia y la garantía de su credibilidad. Exactamente lo que ya ha conseguido Pipo Serrano. Siéntense, lean, aprendan y cambien. Yo estoy en ello.

Josep Cuní

Capítulo I
¿Quiénes somos y qué hacemos?

Introducción

Hablar de la profesión es, y ha sido siempre, un ejercicio que ha gustado a los periodistas de todos los tiempos. Probablemente por un cierto carácter egocéntrico y vanidoso inherente al oficio, o por una pasión que hace que, ni en los momentos de recreo, se abandone nuestro trabajo como tema de debate.

Y de la profesión hablábamos muy a menudo con Josep Cuní, con la diferencia generacional que nos separa, pero con el respeto y pasión que nos une a ella. Eso sí, nuestras conversaciones frecuentemente terminaban, y terminan, analizando cómo ha afectado a nuestro oficio la irrupción del lenguaje digital junto con todas sus derivadas. Un lenguaje, a menudo, tan desconocido como anhelado y que ha evidenciado, en los últimos años, que muchos de quienes lo critican lo hacen por ignorancia, miedo al cambio y en el fondo, por deseo de controlar también ese otro escenario.

Cuní, persona inteligente e intuitiva, siempre ha tenido buen olfato y ha demostrado saber anticiparse a los tiempos como pocos en el periodismo de España. Nuestras conversaciones eran buena prueba de ello. Él quería saber más y entender mejor cómo podía aprovechar aquellos cambios que ya influían, y de qué manera, a los medios de comunicación y a la relación del programa con el espectador.

Un buen día, y tras un agradable desayuno, Josep Cuní me ofreció poner en práctica todo aquello sobre lo que tanto habíamos teorizado. Sabía que era el momento de apostar por una verdadera transformación digital de la redacción y de los lenguajes televisivos, que, hacía ya mucho tiempo, habían quedado anquilosados. Creía en ello y así lo demostró la temporada 2015-2016 y aún de forma más intensa en la de 2016-2017.

La responsabilidad o, en términos jerárquicos, el cargo que me propuso fue el de editor digital de *8 al dia* o, lo que era lo mismo, la dirección del área digital y de innovación pero con la connotación periodística de quien debe editar y por tanto dirigir el criterio editorial de una redacción en lo que se refería al ámbito digital. Así fue en 2015-2016, pero en la siguiente temporada (2016-2017), su oferta se ampliaría también a la subdirección de todos los programas que estaban bajo el paraguas de la marca *8 al dia*, marca responsable de los servicios informativos de 8tv: *8 al dia Migdia*, *8 al dia amb Josep Cuní*, *8 al dia Cap de Setmana* y los boletines informativos diarios.

El reto era mayúsculo. Después de más de ocho años enseñando en la facultad asignaturas como Periodismo 2.0 o Periodismo digital y Social media, había llegado el momento de poner en práctica aquellos conocimientos en mi ámbito. Había trabajado en la radio de primer nivel más de quince años seguidos, además de otros tres o cuatro en colaboraciones televisivas, pero nunca había aplicado en mi día a día aquello que enseñaba en clase o que sí había aplicado como asesor o responsable de estrategia digital, con personalidades relevantes o marcas importantes.

El hecho de introducirlo en mi profesión me provocaba un cierto vértigo y aún más teniendo en cuenta que mi «conejillo de índias» era material sensible. Hablamos de *8 al dia* de 8tv, un programa de televisión bien considerado, serio y respetado. Y el reto era especialmente apasionante porque, aun tratándose de uno de los primeros espacios televisivos en abrir una ventana a la red y a los espectadores que opinaban por los canales digitales, tenía muchísimo trabajo por delante.

Lo primero fue un profundo análisis de la situación para inmediatamente actuar sin perder un solo minuto, tratando de avanzar a una velocidad de vértigo que nos permitiera consolidar cada uno de los pasos que dábamos, para llegar a lo que hoy somos.

Este libro pretende explicar cómo hacer una cuidadosa disección de la situación digital de un medio o, probablemente, de cualquiera que necesite comunicar, para posteriormente actuar tratando de hacerlo ordenadamente y sin excesivos riesgos.

La manera de plantear esta disección, las herramientas utilizadas, la manera de crecer sin caer en la tentación de abrir puertas que no podemos asumir, son algunas de las claves que nos han ayudado a llegar donde estamos.

El permanente contacto con los *players* que rigen el actual entorno digital es otro elemento que hay que tener en cuenta. Algunos como Twitter o Facebook han sido claves para llegar más lejos aprendiendo y trabajando juntos.

Y entre las herramientas o prácticas utilizadas, una de las más innovadoras y exigentes ha sido el periodismo móvil (en inglés, *mobile journalism*, abreviado como *mojo*). Desde que comenzamos a trabajar con elementos de periodismo móvil, la autonomía y la creatividad de la redacción se ha visto incrementada de forma exponencial.

Ahora bien, el periodismo móvil genera muchas contradicciones y confusiones puesto que no es, como muchos creen, seguir cubriendo la misma información pero sustituyendo las cámaras por teléfonos móviles. El periodismo móvil debe entenderse correctamente y hay que practicarlo con conocimiento, ese es el verdadero objetivo. Las claves, la filosofía, los componentes idóneos y algunas recomendaciones imprescindibles son necesarias para no confundir los medios usados con la historia contada. Y el periodista, independientemente de canales o medios utilizados, debe saber contar historias.

1. *8 al dia*, un reto en lo digital

Antes de adentrarnos de lleno en lo que nos ocupa, y con el fin de poder contextualizar mejor las decisiones tomadas a la hora de afrontar un reto como el que se me ponía por delante, quisiera explicar brevemente de qué tipo de programa hablamos cuando nos referimos a *8 al dia.*

8 al dia es un programa de televisión de carácter eminentemente informativo pero con peculiaridades que lo sitúan en un formato más cercano a los informativos norteamericanos que a los que se emiten en España. Presentado y dirigido por Josep Cuní, este informativo nace hace cinco años con la intención de explicar aquello que pasa pero sin perder detalle de por qué pasa, ahondando para ello en los asuntos que nos depara la actualidad diaria, con la suficiente distancia como para profundizar en aquello que creemos que merece algo más de tiempo que el minuto y medio de una noticia en un informativo clásico. Por tanto, no hablamos de un informativo al uso de 30-40 minutos de duración, sino de un programa que tradicionalmente ha arrancado su emisión a las 19.30 h para acabar bajando la persiana a las 22.30 h.

Más de tres horas de información que mediante la pantalla de 8tv, la cadena privada de Cataluña del Grupo Godó, tratan de informar al espectador con un formato que arranca con una breve tertulia deportiva, para posteriormente dedicarles una hora a aquellos temas de actualidad de la jornada —salpicados todos ellos de la opinión y la reflexión de periodistas y expertos conocedores de las materias que se ponen sobre la mesa. Esto ocurre entre las 20.00 h y 21.00 h de la tarde, momento de mayor tranquilidad y sosiego para, además de hablar de lo informativamente candente, abordar entrevistas a autores, antropólogos, médicos o expertos en cualquier tema que pueda aportar una riqueza cultural, de contexto o simplemente reflexiva.

A las 21.00 h, tiempo para abordar el informativo del programa —este sí, más parecido a cualquier otro de los que actualmente se emiten en España pero también con peculiaridades que lo hacen único—, en lugar de ser el presentador quien, a modo de busto parlante, recita las distintas noticias del día, el informativo de *8 al dia* es una narración coral de aquello que nos ha dejado la jornada, explicada por cada uno de los redactores que han cubierto la noticia, otorgándole a cada uno de ellos el tiempo y la narración de lo que ellos mismos han leído, preguntado o investigado, para aportar a última hora del día la mejor de las explicaciones con el convencimiento de quien conoce el tema que relata. El informativo de *8 al dia* se convierte cada noche en una especie de partido de fútbol mediante el cual las noticias se explican al toque entre el capitán del equipo y sus jugadores, combinándolo todo ello con conexiones desde las calles de Cataluña y resto de España, Bruselas, Nueva York o el lugar más recóndito del planeta, con la ayuda de corresponsales del programa o periodistas de la cadena norteamericana CNN, con quien Josep Cuní tiene desde hace años una relación de colaboración mediante la cual ambas partes nos complementamos compartiendo historias, imágenes, recursos o la explicación de un periodista sobre el terreno.

Pasado el informativo, y sobre las 21.45 h, le llega el turno a la reflexión. Reflexión que, esta vez sí, gira exclusivamente en torno a aquello que mayor trascendencia nos deja cada jornada, y todo ello con una tertulia viva de entre cuatro y seis profesionales que debaten y cuestionan el porqué de lo ocurrido. Un análisis bien engranado y dirigido con maestría por Josep Cuní, alguien que, además de la información, controla el lenguaje televisivo y los tempos que debe tener cada disquisición, para mantener un correcto ritmo televisivo, a menudo escurridizo y complejo.

Tres horas de información, con algunas buenas prácticas en lo digital desde sus inicios. El programa se compartimentaba en grandes bloques que posteriormente se ofrecían en la web, se usaba Twitter para lanzar enlaces o destacados en forma de texto de aquello que decían unos u otros entrevistados y se perseguía una buena interactividad con el espectador, abriendo desde un principio una ventana a los comentarios de aquellos que mediante las plataformas digitales también daban su opinión de lo que sucedía en el programa. Pero bajo mi punto de vista, el contenido compartido precisaba de mayor riqueza audiovisual, las mecánicas de trabajo podían tornarse más efectivas y las dinámicas informativas más relevantes para el seguidor o espectador final.

Dicho esto, ahora sí es el momento de entrar en la disección de la que os hablaba y el análisis, punto por punto, de nuestra transformación.

2. El escenario: una redacción analógica

El trabajo que tenía por delante era mayúsculo. Sí, soy consciente de que esto ya lo he dicho. Pero debo insistir en ello ya que fui mucho más consciente después de darme cuenta de que, más allá de los esfuerzos hechos en aquel pequeño escenario que apuntaba hacía lo digital, lo que más mérito tenía era hacerlo frente a una redacción plenamente analógica. Y no lo digo como una crítica, sino únicamente como la constatación de una realidad.

No quiero decir con esto que no hubiera periodistas que ya por aquel entonces, en septiembre de 2015, no fueran activos en Twitter u otras redes y explicaran lo que hacían en el día a día. Por supuesto que lo hacían y ya en aquella época, como siguen haciendo hoy, lo usaban con mucha maestría. A lo que en realidad me refiero, es a la redacción como conjunto, como programa. No existían dinámicas que apuntaran a lo digital, ni chips mentales que les llevaran a pensar que las cosas se podían hacer de otra manera o simplemente aprovechar mejor los esfuerzos, para posteriormente recoger mayores éxitos.

Por eso, el vértigo que aquello suponía era aún mayor de lo que cualquiera pueda imaginarse. Mi papel era complejo y debía manejarlo con sumo cuidado, para evitar una rebelión interna y conseguir transmitir correctamente que aquello que quería impulsar sería beneficioso para todos. Y justamente por este motivo, y como descubriréis a lo largo del libro, todos y cada uno de los grandes cambios vinieron precedidos por pequeñas y discretas pruebas que iban abriendo la puerta, sutilmente, a lo que posteriormente se consolidaría y se asumiría dentro de la normalidad de las dinámicas de la redacción.

Además, en aquellos tiempos, el programa carecía de un equipo de periodistas digitales. Hasta entonces se contaba con una persona que fragmentaba los programas y los subía a la web, y con una segunda que llevando más la batuta dirigía los esfuerzos hacía las redes y seguía los comentarios de los espectadores, para trasladarlos al directo y que fueran mostrados en la parte inferior de la pantalla. Además seleccionaba unos pocos mensajes, que se expondrían en una conexión en tiempo de programa. Pues bien, cuando llegué, la primera persona ya no estaba en el equipo y se incorporó a la tropa de las tareas digitales un avispado periodista que tras algunos meses de beca en el programa y otros trabajando como redactor, apuntaba maneras. Y debo decir que pocas semanas o meses después, ellos y los que luego vendrían se implicaron al máximo aportando una enorme profesionalidad para sacarlo todo adelante. De hecho, sin el equipo de Digital, todo lo que os contaré en adelante no hubiera sido posible.

3. El lenguaje televisivo

Otro de los encargos de Josep Cuní, ya desde nuestras primeras conversaciones, fue el de trabajar en el lenguaje televisivo. ¿Cómo se hace eso? Se pregunta uno cuando le lanzan semejante encargo. Pues bien, aunque lo que responderé es aparentemente simple de explicar, su aplicación no lo es tanto.

Algunos estudios cuentan que la mayoría de nosotros desenfundamos el móvil entre doscientas y trescientas veces al día. Otros estudios analizan incluso como esa adicción al móvil genera, en algunos, una sensación parecida a la que experimenta una persona después de haber sufrido una amputación de una de sus extremidades. Cuando eso ocurre, se habla a menudo del «síndrome de la pierna fantasma», «del brazo fantasma», etc. La sensación de la que os hablo es aquella que le hace creer a la persona que ha perdido una extremidad que aún la siente. Pues bien, al parecer no soy el único que en alguna ocasión ha creído que su móvil estaba sonando o vibrando en su bolsillo, cuando en realidad aquel dispositivo electrónico no había recibido ninguna notificación.

Lo que os quiero trasladar con ello es que el uso continuado y repetido del móvil ha hecho que todos cambiemos ciertas pautas de comportamiento y nos adaptemos a consumir algunos contenidos de forma muy distinta a como lo hacíamos años atrás. Y de algún modo, a eso se refería Cuní cuando me hablaba de ayudarle a modificar el lenguaje televisivo en la pantalla. Se refería a adecuar, de forma más coherente, el aspecto visual de aquello que mostrábamos con lo que la gente ya había asumido como normal; o dicho de otra manera, a actualizar la imagen de nuestro programa para que, cuando los espectadores nos escogieran, no sintieran que estaban frente a una estética arcaica y demodé.

Pero no todo era esto, el encargo era doble. Además de lo que mostrábamos en pantalla, Cuní quería que la redacción dejara de hablar como se había hecho tradicionalmente en el periodismo para hablar, de una vez por todas, como lo hace la gente a la que nos dirigimos. Debíamos modificar el lenguaje recargado y explicarnos de una forma más directa y comprensible. Y eso implica observar, leer, sugerir y tratar de entrar en uno de los terrenos más delicados y peligrosos de nuestra profesión: los textos del vecino…

Capítulo II
El principio del cambio

1. Analizando la identidad digital de *8 al dia*

Una vez asumido el encargo, tocaba ponerse manos a la obra. A finales de la temporada 2014-2015, fue cuando, de forma tímida, empecé a repasar el escenario que se me presentaba. A pocas semanas del verano, entre junio y julio de 2015, comencé a observar, estudiar y analizar las dinámicas de publicación, el funcionamiento de la web, de la aplicación (en inglés, *app*), y el uso y contenido que se lanzaba por las distintas redes sociales.

1.1. La web de *8 al dia*

Por aquel entonces, *8 al dia* contaba con una web que ejercía más de repositorio que de diario digital (figura 1). Una web-contenedor en la que podía encontrarse todo lo que se había hecho el programa del día anterior, pero sin contar con otros contenidos informativos añadidos. Y conste que esto que puede sonar a crítica no lo es en absoluto. El equipo que hasta entonces se encargaba de ello hacía un muy buen trabajo, pero desgraciadamente esa práctica era algo bastante habitual en las páginas web de muchos medios de comunicación, y en especial de televisión y radio.

Figura 1.

Enlace: www.8aldia.cat

Además, como también suele ocurrir en demasiadas ocasiones, aquella web había sido diseñada por un equipo de programación web que, junto con los informáticos de la casa, había armado, con toda la buena intención del mundo, lo que creían necesario para una página web de un programa de televisión. Es decir, que nadie con criterio periodístico había acompañado ni dirigido ese proceso.

1.2. El perfil de Twitter de *8 al dia*

Por otro lado, el programa trabajó desde sus comienzos en tratar de explicarse correctamente mediante las distintas redes sociales. Las obligadas eran Twitter y Facebook, y ambas tenían una cierta actividad cuando me puse manos a la obra.

La cuenta de Twitter en aquellos tiempos no estaba verificada, y eso, más allá del pequeño logo azul que acredita que eres quien dices ser, te abre una serie de puertas y servicios muy interesantes y necesarios si quieres jugar en primera división. Aun así, *8 al dia* ya tenía por aquella época un buen número de seguidores que formaban parte activa de aquella comunidad.

Como veis en la figura 2, por aquel entonces, en la red de Jack Dorsey aún era demasiada la gente que lanzaba mensajes únicamente dotados de texto y enlaces, y eso también ocurría en nuestro programa. Como disculpa, diré que visto con los ojos de hoy día parece más grave de lo que en realidad era. De cualquier forma, este también era un punto claro en el que debíamos trabajar.

Figura 2.

Enlace: https://twitter.com/8aldia

1.3. La página de Facebook de *8 al dia*

Las dinámicas del programa en *Facebook* no distaban demasiado de las usadas en Twitter. Con un menor número de seguidores que en la anterior, aquí, *8 al dia*, sí tenía un perfil verificado, puesto que en su día la red social por excelencia se lo ofreció a los distintos medios de comunicación. Aun así, era una verificación de las del logo y punto. No se tenía acceso a funcionalidades extra ni a ninguna opción que no tuviera cualquier mortal.

1.4. El chat de WhatsApp de *8 al dia*

Por último, entre las herramientas usadas por el programa —desde finales de 2014 o principios de 2015— estaba WhatsApp. Un servicio de mensajería que ya cuenta con más de mil millones de usuarios, ampliamente usado por los españoles y algo más desconocido entre muchos americanos, pese a ser propiedad de Mark Zuckerberg desde octubre de 2014. Como decía, Josep Cuní siempre tuvo buena intuición y de nuevo lo demostró siendo el primero, o uno de los primeros de España, en incorporarlo como canal de comunicación del programa.

El espectador, habituado a este servicio de mensajería, a menudo se sentía más cómodo compartiendo sus reflexiones, quejas o denuncias por esta vía que mediante los tediosos formularios de la web del programa, del correo electrónico o de alguna de las redes sociales de las que quizás tampoco formaba parte.

La mayor ventaja recaía sobre esa comunicación ágil, que le permitía al usuario/espectador contactar con alguien del programa de forma rápida y sencilla. Como inconveniente, la gestión de la cantidad de mensajes que entraban por esta vía y que nunca han dejado de dar inmensos dolores de cabeza. Y digo esto último esencialmente por dos motivos: el primero, por la cantidad de mensajes que había que filtrar, unos tres mil diarios; el segundo, porque WhatsApp es un sistema estanco sin una API pública, lo que significa que no da opción a integrar su fuente de mensajes en ningún otro sistema que los pueda digerir. Es decir, que te obliga a filtrarlos uno a uno y a copiar y pegar cada uno de ellos en el sistema para trasladarlos a la antena del programa.

Por otro lado, y para evitar problemas legales, el chat de WhatsApp de *8 al dia* solo funcionaba en una dirección: del espectador al programa. Es decir, desde nuestro espacio, nunca se usó como herramienta de notificación o comunicación masiva sobre nada que tuviera que ver con *8 al dia*; y desde el equipo, únicamente se escribía para contestar a preguntas, denuncias, quejas o peticiones relacionadas con lo que sucedía en directo.

Como también apuntaba, además de las vías citadas anteriormente, el espectador podía contactar con el programa mediante el formulario de la página web y del correo electrónico que se facilitaba, tanto por medio de la pantalla como de nuestro sitio web.

2. Dibujando la estrategia digital

Tras el análisis de nuestras vías de comunicación y distribución de contenidos, empezaría el momento de desarrollar una lista, donde anotaría los puntos fuertes y débiles de la identidad digital de *8 al dia* para empezar a trazar una estrategia.

Inicialmente, dividí aquella planificación en tres fases descompensadas. Y digo que eran descompensadas porque cargué un 80 % del trabajo en la primera fase. Todo me parecía imprescindible y urgente, y no veía la manera de desplazar nada a las posteriores fases.

La mayoría de las tareas se dividían en los siguientes puntos:

- Análisis y mejoras en la web del programa.
- Uso de Twitter y Facebook y del contenido que se distribuía por estas redes mediante una especie de libro de estilo de cada red.
- Plataforma de vídeo usada para compartir nuestros contenidos audiovisuales.
- Implementación de nuevas dinámicas de fragmentación, gestión y distribución de los programas emitidos y en emisión.
- Periodistas digitales frente a *community managers*.
- Eficiencia y reducción de costes en las coberturas periodísticas mediante las herramientas digitales: Skype, uso del móvil, mejor comunicación y provecho de nuestros fieles espectadores y eventuales corresponsales de aquello que ocurre en su zona por medio de la comunicación móvil.
- Implicación de la redacción en la ventana digital del programa.
- Innovación y desarrollo.

Dejo esto apuntado para abordar, a partir del tercer capítulo, todas y cada una de las tareas que puse en marcha y que trataré de describir con cierto lujo de detalle, eso sí, evitando llegar a ciertos niveles de profundidad que podrían agotar a más de uno.

3. Creando un equipo digital

Para poder llevar a cabo todos los cambios que quería implementar, lo primero que tenía que hacer era reconvertir el equipo digital. Uso la palabra «reconvertir» puesto que siendo todos ellos grandes profesionales, parecía necesario conseguir que fueran los primeros en entender, cuáles serían nuestras metas y, sobre todo, los primeros en creérselas.

Hasta aquel momento, muchos de ellos se sentían como la sección del programa menos relevante, y ese cambio de chip también debía modificar su percepción. Debíamos pasar de tener un equipo de simples «fragmentadores» de programas y gestores de las redes sociales con ciertos conocimientos en lo digital, a un núcleo de gente que evolucionara en la televisión creando contenidos únicos y moviéndolos para alimentar mejor nuestra marca. En definitiva, debíamos pasar de un equipo de *community managers* a uno de periodistas digitales.

Y es que, personalmente, siempre he sentido un profundo rechazo por el concepto de *community managers* ligado al periodismo. En realidad nunca me ha gustado aplicado a ningún campo, pero en algunos lo puedo justificar más que en otros. Los *community managers* nacen por un vacío profesional en un momento en el que grandes marcas y empresarios toman consciencia de los cambios que las redes sociales e internet estaban provocando.

Siendo ellos, y buena parte de sus equipos, ignorantes digitales, salen en busca de jóvenes que habían nacido o que se habían conectado desde pronto a ese nuevo escenario. Posteriormente, algunos centros educativos y universidades vieron en esa figura un nicho de mercado y empezaron a crear cursos de gestión de comunidades digitales arrojando al mercado laboral a infinidad de *community managers*. Paralelamente, los años siguieron pasando y los profesionales de los distintos ámbitos, por inquietud, divertimento o necesidad, comenzaron a aprender a gestionar sus propios perfiles y, en definitiva, su identidad y reputación digital; y obviamente, quienes se vieron obligados a aprender más deprisa fueron los miembros de gabinetes de comunicación y equipos de prensa y relaciones públicas de las distintas marcas. Pasada esa fiebre, y con las herramientas de los medios sociales ya asumidas dentro de la normalidad, la locura y necesidad de los *community managers* desapareció. Hoy, nadie concibe ni acepta a un profesional en determinados sectores que no tenga ciertas aptitudes en el campo digital. Todo candidato que se precie debe poseer esos conocimientos.

Ahí justamente está el valor más trascendente: el profesional. Lo que importa en la comunicación no es la herramienta o el medio utilizado, sino el conocimiento de la materia y la capacidad para trasladarla a la sociedad; y justamente por eso, una persona que únicamente maneje bien las herramientas, como lo harían tantos *community managers*, pero que no cuente con el conocimiento adecuado de la materia prima, poco podrá aportar.

Y si eso ocurre en cualquier profesión, imaginad la transcendencia que tiene algo así en el periodismo; un oficio que se vale de sus profesionales para contar a las personas aquello que le ocurre a la gente. Por eso, si de algo había que huir, era de un equipo de *community managers*. Yo quería y quiero contar con periodistas digitales, profesionales capaces de leer entre líneas la actualidad y con conocimientos para tratarla respetuosamente y posteriormente devolverla a la sociedad; personas serias y responsables que entiendan que el poder de esa ventana digital puede ser tan beneficioso como peligroso y que el altavoz que les confiere es sumamente poderoso, tanto para bien como para mal.

Además, en la redacción de un servicio informativo, conviven profesionales especializados en las distintas áreas y se les exige, sobre todo, conocimiento en aquellas determinadas secciones. En cambio, los periodistas digitales de nuestra redacción han de manejar, con suficiente prudencia y acierto, temas de actualidad de todas y cada una de esas áreas, e informar al minuto de aquello que acontezca. Por eso reivindico tanto el trabajo de los periodistas digitales y por eso ellos eran los primeros que debían entender que su papel en el equipo era imprescindible. En este sentido, quiero agradecer especialmente el trabajo realizado por Patrick Urbano, Gemma Saperas, Amanda Sánchez y Cristina Iglesias. Algunos de ellos empezaron en *8 al dia* mientras cumplían con sus respectivas becas, y posteriormente se ganaron su sitio. Gracias también a quienes les precedieron y a los maravillosos estudiantes en prácticas que también aportaron pasión y entrega a nuestro proyecto.

4. Una transformación exprés

Con estos conceptos claros, había que ponerse en funcionamiento a marchas forzadas. El programa arrancaba su nueva temporada, como de costumbre a principios de septiembre, y sin tiempo de trasladar todo lo que hasta ahora os he contado ni el detalle de la estrategia digital que tenía en mente, tenía que conseguir que el equipo se subiera al carro, puesto que se nos presentaba un comienzo de curso entretenido. El 11 de septiembre desplegamos una cobertura especial para la Diada Nacional de Cataluña y dos semanas después ya teníamos las primeras elecciones de la temporada. Se trataba de las elecciones a la presidencia de la Generalitat de Cataluña que, para más inri, dieron el pistoletazo de salida a la campaña la noche antes de la Diada.

Dicho esto, parecía evidente que había que aplicar algunos de aquellos cambios sin titubear y tratando de llegar a todo de la mejor forma posible. Para ello, traté de ser tan didáctico como pude y marqué una especie de rumbo y velocidad de crucero, que confiaba que el equipo digital siguiera; y así fue. Obviamente no tratamos de conquistar Roma el primer día, pero, aun así, debo decir que tanto la cobertura de la Diada como la de la jornada electoral y algún programa especial que realizamos tuvieron muy buena acogida, tanto en televisión como mediante nuestras plataformas digitales.

5. Los *players* en la era digital: Twitter, Facebook...

Como medio de comunicación o marca relevante, parece evidente pensar que no podremos exprimir bien las funcionalidades de nuestra estrategia digital sin contar con los principales *players*. En otras palabras, las capacidades, servicios y funcionalidades únicas que nos pueden proporcionar estos importantes actores del sector digital son esenciales para cualquiera que pretenda conquistar y controlar correctamente su exposición y comunicación en la red.

Por eso, ya en los primeros días de la temporada, contacté con algunos viejos conocidos dentro de Twitter para tratar de desbloquear alguna de aquellas funcionalidades que nos podían ayudar a avanzar rápidamente y, de paso, animar al equipo con novedades que, hasta el momento, no habían visto en demasiados sitios. Ana, Christian y algunos otros fueron claves para ir avanzando hasta dar con Beatriz Arias, una excelente profesional y periodista con la que, desde entonces, colaboramos y charlamos periódicamente para tratar de darle un mejor uso a la herramienta.

Gracias a su empeño y probablemente a mi pesadez, en muy pocos días el perfil de Twitter de nuestro programa ya contaba con:

1) **La verificación de la cuenta.** Como decía unas líneas atrás, este puede parecer un tema simplemente estético o de reconocimiento de puertas hacia fuera, pero os aseguro que en el caso de Twitter no lo es en absoluto.

   Sin la verificación de la cuenta, la red social del «pajarito», no nos habilitará ningún «poder» especial que nos distinga del resto de seres humanos. Es decir, que este era el primer paso necesario para poder avanzar hacia todo lo demás.

2) **El acceso al portal *video.twitter.com*** con la verificación de la cuenta fue una de las primeras pantallas que se nos desbloqueó; y aún hoy me sorprende que, por aquel entonces, fueran tan pocos los medios españoles que usaran esta funcionalidad. Gracias a ella, podíamos —y podemos— subir manualmente, mediante una web de escritorio, cualquier vídeo que no superara los diez minutos de duración. Una vez preparado el vídeo, el propio portal nos permitía

tuitear desde nuestra cuenta incrustando directamente aquel contenido. Es decir, no publicábamos un enlace, sino directamente el vídeo; y aquí os avanzo que eso tiene una parte muy positiva, aunque también conlleva algún inconveniente.

Como ventaja, el hecho de que los vídeos incrustados de forma nativa se autorreproduzcan directamente en el *timeline* de los usuarios sin la necesidad de que nadie le dé al botón del «play». De esta manera, evitábamos que el potencial espectador de aquel contenido decidiera si le seducía nuestro material. Por el hecho de empezar a reproducirse, las posibilidades de que consumieran nuestro producto se incrementaban. Hablo de esta ventaja en pasado, puesto que hoy por hoy ese hábito también se ha ido modificando, ya que el volumen de vídeos que se reproducen de forma automática es tan elevado que cada vez son menos los que se dejan seducir simplemente porque un vídeo haya comenzado.

En cuanto a los inconvenientes, podríamos resumirlos esencialmente en dos. Por un lado, el hecho de «regalar» nuestro contenido a una red social alimentándola cada día más. Pero como se suele decir en el mundo digital: «si un producto es gratuito, es porque en realidad tú eres el producto». Y como se suele decir en nuestra lengua: «quien algo quiere, algo le cuesta». Como inconveniente, el hecho de no convertir a esos posibles compradores de nuestra web, ya que no necesitaban visitarnos para ver buena parte de nuestro contenido. Pero este efecto colateral estaba dentro de la estrategia que en pocas páginas os contaré con más detalle.

3) **Acceso a la herramienta Curator.** Otro de los servicios a los que pudimos acceder era Curator. Bajo mi punto de vista, una herramienta muy interesante, mediante la cual se

podía sacar mucho jugo a la conversación que se producía en Twitter al momento. De hecho, quizás por el hecho de aportar tanta información valiosa sería sentenciada a muerte y desaparecería sobre septiembre de 2016.

Gracias a Curator y a los trucos que me dio uno de sus fundadores y desarrolladores —mediante una videoconferencia desde Nueva York—, era terriblemente sencillo seguir la conversación o un tema en auge durante 24 horas. Podíamos saber la cantidad de tuits que se había hecho sobre el tema en cuestión, tener gráficas del impacto de aquella conversación hora por hora, e incluso delimitar y adaptar cada contenido para posteriormente trasladarlo a la televisión. Y por si fuera poco, el volcado a la televisión se podía hacer integrándolo directamente al servicio de Gráficas de cada canal. En nuestro caso, ya entonces y aún hoy, trabajamos con ORAD.

Figura 3.

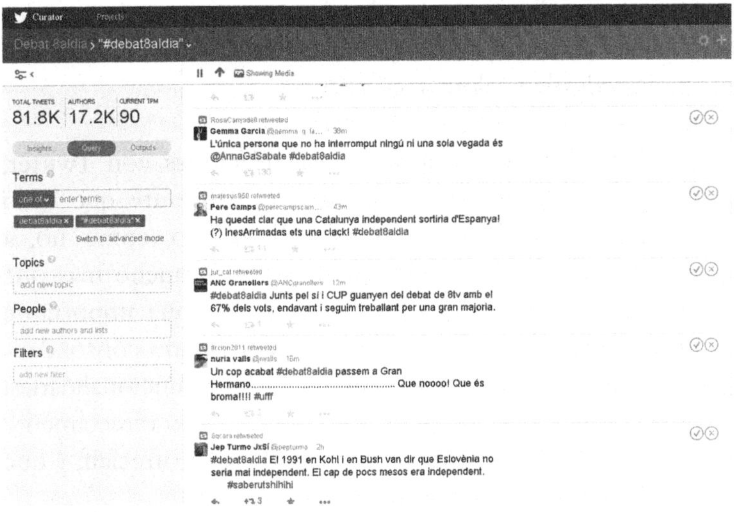

Como veis en la figura 3, Curator fue una herramienta magnífica para medir la cantidad de tuits que se hicieron durante el debate electoral que organizamos en las elecciones catalanas del 27-S. Y conste que, en esa búsqueda en particular, queríamos saber únicamente la cantidad de mensajes lanzados que incluyeran la etiqueta (#debat8aldia) de aquel programa.

Pero como decía, desgraciadamente y sin darle tiempo de entrar en 2017, Curator pasó a mejor vida, mientras desde Twitter trabajaban en una especie de alternativa muy parecida a la que ofrecen algunos gestores de contenidos sociales como TweetDeck o Hootsuite.

4) **Acceso a Periscope y a algunas funcionalidades en modo beta.** Por último, y dejando de lado otras pequeñas funcionalidades y ventajas, gracias a la buena relación con Twitter, pudimos gozar de algunas opciones especiales relacionadas con Periscope, la herramienta de emisión en directo desde cualquier *smartphone*.

Poco después de afianzar las relaciones con Twitter, llegaba el momento de acercarme al gigante que todo lo quiere y todo lo consigue. Me refiero, cómo no, a Facebook, una red social que hoy ya es mucho más que eso. Una empresa que en su día —tras una importante marejadilla— se marcó un rumbo que ha ido consolidando mediante la implementación de nuevas funcionalidades, ya sea gracias a sus equipos de desarrollo o directamente a la compra de patentes y servicios que ya ofrecían, y que Zuckerberg y los suyos anhelaban.

Para ello, me puse también en contacto con la gente de Facebook, con quien mantuvimos algunas videoconferencias que también dieron sus frutos. Aun así, los servicios que ellos nos ofrecieron eran de otra índole. Nos asesoraron para tener una mejor página de Facebook y nos ayudaron a silenciar aquellos que, desde hacía demasiado tiempo, trataban de suplantarnos. Nos habilitaron un servicio de encuestas personalizadas muy interesante que también pusimos en marcha en más de una ocasión y la funcionalidad del «Q&A» (*Questions & Answers*), que nos permitía generar pequeñas entrevistas digitales con invitados a quienes podíamos abordar antes o después de entrar al plató. Posteriormente, también nos ayudarían con el perfil de Instagram, pero ya tendremos tiempo de llegar a eso.

6. Escuchando nuevas propuestas

Paralelamente a todas estas nuevas implementaciones, mi obsesión seguía centrada en reunirme semanalmente con gente interesante que nos descubriera otros servicios y nos pudiera ayudar a conseguir nuestro objetivo; algo que sigo haciendo a día de hoy y para lo que siempre tendré huecos en la agenda.

Entre los activos más interesantes en este sentido, hay alguien a quien debo destacar por encima de todos: Ángel Fernández. Y lo destaco porque desde el principio detecté que hablábamos el mismo idioma. Además, siempre me trasladó sus ganas de innovar y probar nuevas herramientas que nos pudieran ayudar a mejorar y a cambiar constantemente.

Y por qué no decirlo, con Ángel siempre he tenido una ventaja añadida, ya que forma parte del equipo de vídeo, digital y de derechos del Grupo Godó.

Con él hablamos con la gente de Dogtrack, de Vilynx, me citó el proyecto de SnappyTV y tantos otros. Yo, paralelamente, seguí reuniéndome con él y con otros emprendedores y proveedores de servicios para conocer con detalle qué ofrecían desde sus empresas y, de esta manera, tener mi mente lo más abierta y activa posible frente a nuevos retos o eventuales proyectos.

7. Los primeros resultados

Las primeras semanas de intenso trabajo fueron duras pero también muy gratificantes. El equipo había asumido los cambios y, no solo eso, se desvivían por tratar de innovar y aportar nuevas ideas. Además, la actualidad nos obligó a trabajar duro para ponernos al día en un tiempo récord. Como decía, el 11 de septiembre era la Diada de Cataluña y, por si eso no fuera suficiente, coincidió con la campaña electoral por la presidencia de la Generalitat, que culminaría el 27 de aquel mismo mes.

Y todo ese trabajo empezó a dar sus frutos. Para empezar, las dinámicas en el día a día cambiaron radicalmente y la cobertura de la Diada, o incluso la difusión de la misma por las redes sociales fue tremendamente distinta. Por poner un ejemplo, a continuación os muestro el *timeline* de nuestro perfil de Twitter de aquella Diada y el del año anterior (figura 4).

Figura 4.

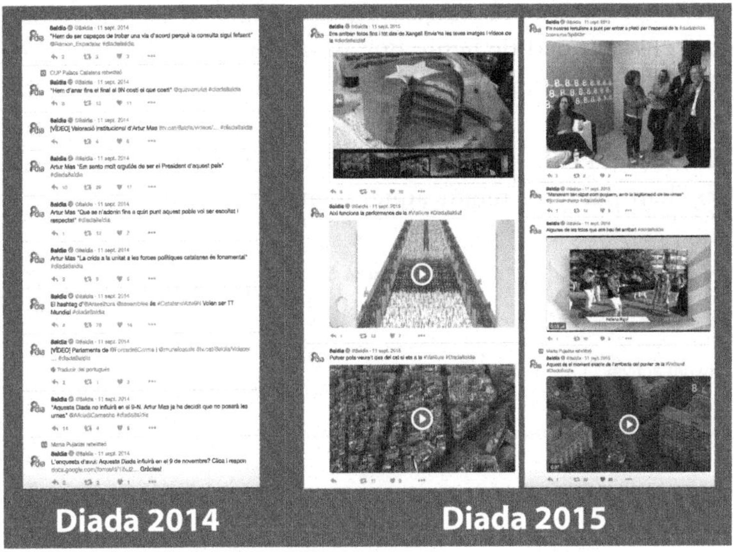

Diada 2014 – enlace: https://goo.gl/b7Psux // Diada 2015 – enlace: https://goo.gl/ybRDQH

Y no hablamos únicamente de una cuestión estética. Los resultados de consumo e interacción que nos ofrecían las distintas redes sociales, así como los de nuestra emisión en directo y la posterior bajo demanda, crecieron considerablemente. Siguiendo con el ejemplo anterior, el interés que despertamos con esta otra cobertura más dinámica, rica en contenidos y con vídeos elaborados a partir de las fotos que nos mandaban los espectadores, también nos demostró que así sí que nos compraban. Y la diferencia también era evidente.

Sin ir más lejos, el *engagment rate* ('tasa de interacción') más alto conseguido durante la Diada de 2014 fue de un 7,5 %, mientras que el más alto de 2015 fue de un 56,1 %

(figura 5). Para aquellos que aún no se manejen bien con estos «palabros», el *engagement rate* es el porcentaje resultante de la cantidad de gente que pasa por encima de nuestros tuits —impresiones en pantalla—, entre los que mientras pasan se sienten atraídos por nuestro contenido e interactúan con el tuit —retuitean, dan un *like* o simplemente lo pinchan para ver mejor aquel mensaje.

Figura 5.

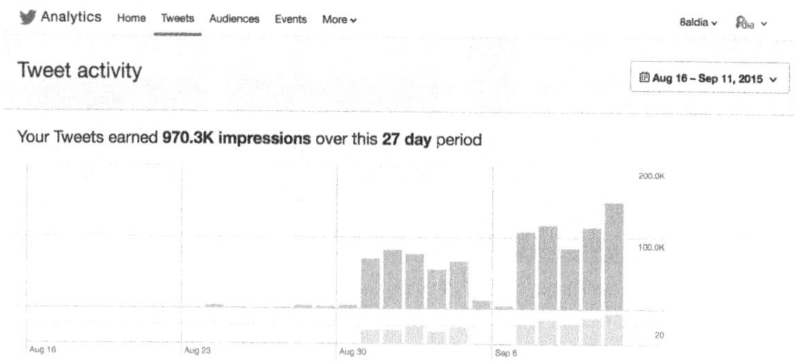

El otro caso significativo, y ya más enfocado en la campaña electoral, fue uno de los momentos televisivos y periodísticos más potentes que recuerdo. Josep Cuní consiguió armar un cara a cara que tenía todos los componentes necesarios para reventar cualquier audímetro. Y así fue. Hablo del enfrentamiento televisivo entre Oriol Junqueras, líder de Esquerra Republicana de Catalunya, y José Manuel García-Margallo, entonces ministro de Asuntos Exteriores del gobierno de Rajoy (figura 6).

Figura 6.

Enlace: https://goo.gl/CwQnQy

Aquella fue otra prueba de fuego que nos demostró que íbamos por buen camino y los resultados así lo constataron:

- El programa alcanzó un 31,9 % de *share* con 1.010.000 espectadores y se mantuvo con una media del 28,2 % y 892.000 espectadores.

- El programa fue *trending topic* mundial y también en España, con cerca de noventa mil tuits referenciando la etiqueta #MargalloJunqueras8aldia. Sí, efectivamente nos quedó una etiqueta discreta y sobre todo muy corta.

- Por último, el consumo del cara a cara mediante nuestras plataformas digitales, en directo, bajo demanda, etc., ascendió a 420.110 reproducciones.

Las cifras eran muy positivas y estábamos orgullosos de haber conseguido, en menos de 12 horas, la mitad de las reproducciones/consumo de la emisión televisiva.

Capítulo III
Las herramientas necesarias para una redacción 2.0

Llegados a este punto, toca detallar cuál fue la estrategia que seguimos y cómo la hemos ido desarrollando y mejorando para conseguir unos buenos resultados mediante nuevas implementaciones y dinámicas más efectivas y constantemente cambiantes.

Y digo que eran cambiantes porque, una vez te subes en una montaña rusa como esta, debes estar permanentemente abierto al cambio. Lo que funcionaba ayer, ya no resulta hoy; y lo que funciona hoy, mañana estará caduco. Esta es quizás una de las claves más importantes que hay que tener presentes si se quiere progresar en lo digital. Aquí se cumple, más que nunca, aquello que decía el presocrático Heráclito de Éfeso cuando citaba su famoso *Panta Rei.* Y es que como él aseguraba: «todo fluye, todo pasa, nada es inmutable».

1. Nuestras herramientas digitales

Así pues, repasemos algunas de esas herramientas que conforman el ADN de *8 al dia.*

1.1. Las métricas y analíticas

El mundo analógico nos tiene demasiado acostumbrados a conformarnos con datos inexactos o extrapolaciones hechas a partir de determinadas muestras. Al menos, así es cuando hablamos de audiencias, y especialmente cuando nos referimos a las de televisión, radio o prensa. Por eso, con la llegada de lo digital, muchos creyeron haber dado con el maná. Las agencias de publicidad, los expertos en márquetin, las marcas y también los medios de comunicación observan esos resultados, aparentemente fiables, como si fueran la «palabra de Dios».

Pero tampoco nos ceguemos con estos datos, puesto que, aunque son iguales para todos, nadie nos podrá garantizar que son tan reales como nos quieren hacer creer. ¿Qué me decís de los vídeos publicados de forma nativa en redes sociales como Facebook o Twitter? Seguro que os habréis dado cuenta de que, ya desde hace bastante tiempo, cuando pasamos el dedo o el cursor por encima de estos vídeos se autorreproducen al momento. Pero, ¿acaso eso significa que el autor de ese vídeo deba sumar ya una reproducción? No, evidentemente no. Las distintas redes sociales computan una reproducción a partir de algunos segundos de visualización, dando por hecho que, si hemos visto ese vídeo tres o cinco segundos, ya se puede añadir al saco.

Por eso, no deberíamos quedarnos únicamente con la cifra de reproducciones alcanzadas por un vídeo, sino que además, deberíamos observar cuántas de esas reproducciones se han llevado a cabo hasta el final del vídeo o, como mínimo, hasta un estadio avanzado del mismo.

Y, ¿os habéis planteado qué ocurriría si una red social resultara ser la que mejor consumo de vídeos tuviera? ¿Qué pasaría si uno de vosotros publicara un vídeo en la red social «X» y tras 24 horas, ese contenido obtuviera 10.000 reproducciones, mientras que en la red social «Y» obtuviera 70.000? Probablemente, si eso os ocurriera repetidamente, acabaríais publicando vuestros vídeos en la que —presumiblemente— os generara más reproducciones. Y si además monetizáis vuestro material, ya no os digo nada.

Pues bien, en septiembre de 2016, la red social más importante del mundo reconoció haber estado calculando mal —al alza— las métricas de su contenido de vídeo. Lo hizo David Fischer, uno de sus vicepresidentes, que aseguró que «Las métricas deberían haber reflejado el tiempo total de consumo de vídeo, dividido por el número total de gente que reprodujo ese vídeo. Pero no lo hicieron». Y no lo hicieron porque lo que en realidad mostraban era el tiempo total de vídeo consumido dividido únicamente por el número de reproducciones de un vídeo o, lo que es lo mismo, de cualquiera que fuera visto tres o más segundos.

Disquisiciones aparte, una de las primeras cuestiones que hay que tener en cuenta cuando te planteas una estrategia digital, pasa por comprobar cómo están las cosas y qué volumen de seguidores activos tenemos. Y evidentemente, esa fue una de las primeras cosas que hice para tratar de situarme y tener muy claro de dónde partíamos y qué músculo social teníamos.

Aun así, también os diré que esta no fue la primera medida que tomé. Creo que la mera observación y análisis de las herramientas que se usan, pero sobre todo el cómo se usan es mucho más importante. Al fin y al cabo, nuestro trabajo va a estar enfocado en eso: en la materia prima y, en definitiva, en nuestro contenido. Y si entendemos dónde fallamos, dónde queremos llegar y corregimos el foco, nuestros seguidores nos lo agradecerán y las métricas tampoco se harán de rogar y lo acabarán confesando.

1.2. La web del programa

Más allá de las métricas y de cómo nos expresábamos en las distintas redes sociales, uno de los temas que más me preocupaba cuando me enfrenté a este exigente reto, era la página web del programa. Como apuntaba en alguno de los anteriores capítulos, *8 al dia* nació hace ya más de cinco años, y como suele ocurrir en nuestra profesión, todo sucedió con bastante celeridad; tanta, que los equipos de sistemas de 8tv y un grupo de desarrolladores web tuvieron que armar aquel espacio en tan solo dos o tres semanas. Eso sí, todo se hizo sin que nadie con criterio periodístico les dijera cómo quería mostrar el contenido del programa.

Y hablo únicamente del contenido, porque aquella web, nunca estuvo pensada para aportar información a lo largo del día, ni para generar material que naciera por y para la web.

Por eso, cuando el proyecto llegó a mis manos, me vi tremendamente limitado por un sitio web que, más que un lugar donde informarse, era un lugar donde encontrar lo que había sucedido en el programa del día anterior. Es decir, un contenedor de fragmentos de *8 al dia.*

Tras casi un año adaptando aquella web a un espacio donde mostrar nuestro contenido de una forma lo más digna posible, en mayo de 2016 empecé a trabajar en el desarrollo de un nuevo sitio web más dinámico, interactivo, visual y periodísticamente más completo.

Como veis en la figura 7, las diferencias son significativas, a pesar de que la web aún no contiene todas las implementaciones que debería. Aun así, el grueso de la plataforma es ya mejor de lo que inicialmente dibujé. El mérito lo tiene de una parte el equipo humano de Kings of Mambo, la empresa con quien la hemos estado desarrollando y mejorando desde los primeros bocetos; de la otra, Óscar Calaf, uno de los compañeros de Sistemas de 8tv con quien hemos corregido muchos fallos (en inglés, *bugs*) que nos volvieron locos. Y eso, sin olvidar el equipo digital de *8 al dia* que, aunque intervino en una segunda fase, también aportó grandes ideas que la han hecho mejor.

Figura 7.

Enlace: www.8aldia.cat

Entre las exigencias que tenía en mente cuando empecé a hacer la carta a los reyes, estaban los siguientes aspectos:

- Debíamos tener una web *responsive* que se adaptara correctamente a los distintos formatos, puesto que nuestro espectador, aun siendo importante en la web de escritorio, lo es también en el consumo desde la tableta y desde el móvil.

- Nuestros *players* necesitaban una actualización y por eso pasamos de los antiguos basados en tecnología Flash, a los nuevos ya adaptados a HTML5. Debo reconocer que este cambio no fue del agrado de todos nuestros espectadores.

- Teniendo en cuenta que nuestra materia prima es visual y que hacemos un programa de televisión, en nuestra web también debía primar lo visual y ofrecer una página de inicio desde donde acceder directamente a los vídeos más importantes del día.

- Por eso, las ventanas de nuestros contenidos debían ser mayores y el texto algo inferior, y cuando fuera posible debía mostrarse por encima del vídeo.

- Otro aspecto importante era lo que ocurría en tiempo de directo, por eso el diseño contemplaba dos maneras de seguir el programa desde la web: la primera, más tradicional y conservadora, abriría únicamente una ventana de directo suficiente para seguir el *stream*; la segunda, en cambio, se formaría mediante un espacio a pantalla completa, mucho más enriquecido, visual e interactivo, desde donde nuestros seguidores podrían ver y escuchar el programa pudiendo verter en la web sus reflexiones, críticas o comentarios. Además, desde esta ventana se podría votar en la encuesta del día, tuitear citándonos u opinar en Facebook.

- Quizás no habéis reparado en el detalle, pero en el punto anterior decía que se podía ver y escuchar el programa. Y es que además del reproductor para seguir el programa en directo, tal y como se mostraba en televisión ya desde los inicios de la temporada 2015-2016, pedí que implementáramos una funcionalidad poco habitual en la web de un programa de televisión: un *player* únicamente de audio (figura 8). Quizás se trata de una deformación mía o una simple debilidad por la radio, pero me parecía lógico que, en los tiempos que corren, pudiéramos estar en el coche de vuelta a casa escuchando el programa mientras conducimos. Además, si alguien nos está escuchando mientras está de ruta, siempre tendremos más posibilidades de que, una vez en su sofá, encienda la tele y ponga nuestro programa para seguir conectado a lo que venía escuchando.

Figura 8.

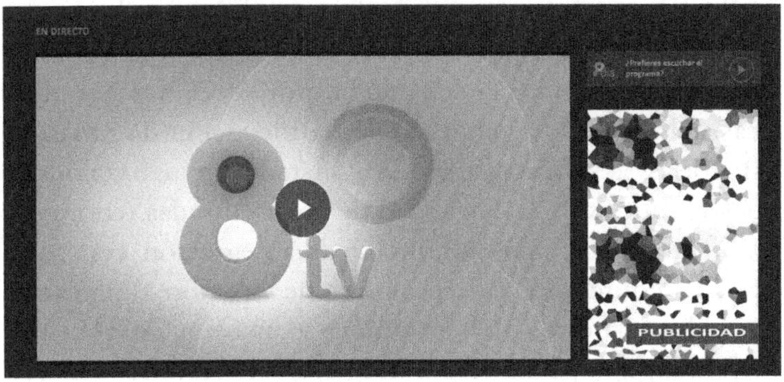

- Otro tema bastante ligado a nuestra ventana de directo pasaba por la posibilidad de poder forzar un directo de un *stream* ajeno al nuestro. Teniendo en cuenta que no estamos las 24 horas del día en el aire informando, la web del programa necesitaba poder emitir en tiempo real cualquier rueda de prensa, sesión parlamentaria importante o aquello que sucediera mientras estábamos fuera de nuestro tiempo de emisión.

- Y en la línea de todo lo anterior, la web también debía mostrar mejor a quienes conformaban el equipo de *8 al dia*. Por eso, desarrollamos un sitio web más coral, donde se pudiera poner cara a todos los profesionales que trabajan en el programa, y no únicamente a aquellos que aparecían en directo dando la cara. Con la nueva web, todos los miembros del amplio equipo de *8 al dia* ofrecen, desde su página de perfil, las redes sociales que quieren compartir, para que quien lo desee, contacte con ellos mediante Twitter, Facebook, Instagram, Periscope o Linkedin.

Por último, y para no alargarme en el desarrollo de una web que me daría para un libro entero, quisiera destacar otras mejoras como la separación por secciones periodísticas del contenido generado, la reordenación de todas las categorías y subcategorías, la constante actualización de nuestro sitio web, la capacidad de crear entradas (en inglés, *posts*) modulares que admitieran la integración con todo tipo de contenido, las secciones de opinión destacadas, la de los expertos del programa y una vía de contacto mejorada, que permitiera a nuestros espectadores recurrir a nosotros de forma fácil e intuitiva para denunciar una situación o mandarnos cualquier información sobre un determinado tema.

1.3. Las redes sociales y la mensajería instantánea

Este era otro punto importante que debíamos mejorar. Muchos medios aún tienen la mala costumbre de creer que la comunicación sigue siendo unidireccional, y eso cambió hace ya mucho tiempo. Desde la irrupción de la web 2.0 y en especial de los medios sociales, la comunicación es multidireccional y ya no son los medios los únicos que emiten. Ahora, además de informar, tenemos la fortuna de poder escuchar y prestar atención a lo que dice o nos dice la gente.

Por eso, el buen uso de las redes sociales es imprescindible. En realidad, las redes sociales son un importante canal de comunicación con el espectador y un lugar idóneo donde, filtrando correctamente el contenido, se puede observar qué dice una parte de la sociedad y si debemos tener en cuenta a nuestros espectadores y seguidores, puesto que no podemos usarlos simplemente para vender nuestro producto. Nadie nos compraría eso hoy en día y, además, pareceríamos tan cínicos como muchos políticos de nuestro país que, mientras dura la campaña electoral, se hartan de inundar las redes prometiendo la panacea y el día después de las elecciones abandonan a quienes confiaron en ellos. Les abandonan en la calle y también en ese otro mundo virtual. Solo para que os hagáis una idea, a continuación os muestro la cantidad de tuits que los principales partidos que aspiraban a la presidencia del gobierno en las pasadas elecciones del 26 de junio de 2016 lanzaron durante la campaña electoral, es decir, en quince días (figura 9).

Figura 9.

Para evitar perder credibilidad, tratar de mejorar nuestra reputación y de paso incrementar la calidad y cantidad de nuestros seguidores, debíamos tomar una serie de medidas. Para ello, creé una especie de documento de buenas prácticas de Twitter y también de Facebook donde traté de describir algunos detalles que creía importantes. Además, teniendo en cuenta que el equipo digital del programa crecía, era esencial que quienes lo conformaban, lo asumieran para no confundir al espectador yendo todos a una y hablando el mismo lenguaje. A continuación, os acerco algunas de las recomendaciones que contienen aquellos documentos:

- Cada red social es única y por ello no debemos publicar el mismo tipo de mensajes en Twitter, Facebook o Instagram.

- Cada una tiene sus momentos, y elegir bien las horas o tiempos de publicación también suele ser beneficioso. A pesar de ello, también es cierto que, siendo *8 al dia* el responsable de los servicios informativos de 8tv, nuestra estrategia no se ciñe a unos determinados contenidos diarios, sino a tantos como la actualidad nos obligue. Pero si tuviéramos que escoger cuándo publicar por ejemplo en Twitter, la clave está en pensar en las dinámicas de nuestra sociedad y nuestro público. ¿Cuándo miráis vosotros el móvil?, ¿a primera hora mientras desayunáis y os preparáis para el día que os espera?, ¿a la hora de comer, cuando quizás tenéis un rato tranquilos?, ¿o quizás entre las 20.00 h y las 22.00 h cuando todo vuelve a la calma? Hay momentos que no fallan, y no fallan ni en positivo ni en negativo. Poco consumo tendremos de un contenido a las 12 de mediodía o a las 18.00 h. Y eso cambiará también en función de la red social que escojamos. Cada una tiene sus momentos, sus algoritmos y sus dinámicas de consumo.

- El tono y la manera de tratar a la audiencia también importan. Y según como lo hagamos, descubriremos qué tipo de medio somos y a quién nos dirigimos.

- Hay que seguir, como mínimo, la regla del 80 % frente al 20 %. Dicho de otra manera, como mínimo el 80 % de nuestras publicaciones ha de aportar valor y, como mucho, el 20 % puede ser algo más autorreferencial. Y me atrevería a decir que, en unos informativos como los nuestros, incluso aquellas que aparentemente sean autorreferenciales deberían aportar valor, por la vía directa o indirecta.

- Otro condicionante que hay que tener en cuenta es la periodicidad de nuestras comunicaciones. Dicho de otra forma, no podemos publicar dos tuits demasiado seguidos en el tiempo, ya que si no el segundo anulará o rebajará la efectividad del primero.

- Es importante citar a todos los protagonistas de nuestro mensaje, puesto que con ello generaremos mayor viralidad y demostraremos que estamos convencidos de lo que publicamos sin necesidad de escondernos de nadie.

- Los tuits o las publicaciones en Facebook únicamente compuestos por texto no están admitidos. En aquella época les pedí que, como mínimo, fueran acompañados de una imagen. A pesar de ello, poco después ya vimos que las imágenes también se estaban quedando atrás. Una imagen estática es, a ojos de hoy, lo mismo que el texto visto con los ojos de ayer. El texto y las imágenes no aportan tanto como el usuario digital exige y, por eso, debemos reinventarnos constantemente cuando detectamos que hay que darle una vuelta de tuerca a lo que generamos. Los mínimos: imágenes enriquecidas —visualizaciones interactivas o infográficos—, los GIF, vídeos elaborados —con sobreimpresión de texto o en alguna ocasión locutados—, emisiones en directo, enlaces con imágenes o vídeos, etc.

- Otro tema importante era el uso que le dábamos en Twitter a botones como el *like* o «me gusta», o a acciones como la del retuit. El «me gusta» podía ser usado de una forma más abierta cuando alguien nos citara y quisiéramos agradecer su mensaje. Para el retuit, en cambio, establecimos una especie de niveles de uso. Si quien nos citaba era un redactor del programa que estaba cubriendo una información desde el perfil de *8 al dia,* había que citar o incrustar aquel mensaje creando un nuevo tuit que respaldara y diera mayor valor a su información. Del mismo modo actuaríamos con los mensajes de aquellas personalidades que, invitadas a pasar por el programa, nos citaran comunicándoselo a su parroquia. Si, por el contrario, quien nos mencionaba no era tan relevante, haríamos un simple retuit.

Además, si nuestros redactores informaban al momento mediante Twitter, lo harían por sus propios canales: con su personalidad, campo de acción —política, sociedad, internacional, etc.— y sus propios seguidores. Y si se trataba de una emisión en directo mediante Periscope o de Facebook Live, lo harían desde el perfil oficial de *8 al dia* para reforzar la información cubierta. Por eso, poco después de aplicar todos estos cambios, también forzamos a que siempre que los redactores salieran en directo en el programa, su nombre apareciera acompañado de su perfil de Twitter.

Otro de los temas que resultaba importante era el de la mensajería instantánea. Como os contaba, el programa ofrece desde 2014 un canal de WhatsApp, mediante el cual la audiencia puede comunicarse con nosotros para opinar sobre lo que ven o escuchan, mandarnos denuncias o informarnos de aquello que se crea oportuno las 24 horas del día. De hecho, a lo largo de una jornada recibimos cerca de cuatro mil mensajes que son leídos uno por uno. Lo que nunca hacemos, ni haremos, es usar este canal para lanzar *spam* sobre el programa ni para contactar con alguien si no nos ha escrito previamente.

Hasta ahora, hemos hablado de cómo pusimos las bases para una mejor gestión de nuestras redes, especialmente cuando se trataba de publicar mensajes. Pero aún nos quedaba trabajo por hacer. Desde que llegué, vi la necesidad de atajar otro problema.

Había que buscar una solución a la manera en que se gestionaba la emisión de los mensajes escogidos mientras se hablaba de un determinado tema en directo. Viendo cómo se filtraban los tuits, publicaciones de Facebook, correos electrónicos y wasaps, parecía obvio que necesitábamos una herramienta social que nos ayudara a manejar mejor esa ingente cantidad de comunicaciones, para posteriormente llevarlas a la pantalla del televisor. Tras algunas reuniones con diversos proveedores, 8tv finalmente optó por un desarrollo más personalizado y que se ciñera al directo. El Social Hub TV aterrizó finalmente en nuestra redacción a finales de la temporada 2015-2016.

1.4. Los vídeos

Hablábamos hace un momento de cómo el valor del contenido que se comparte por los ecosistemas digitales muta de forma vertiginosa. Pero por mucho que cambie, nuestra obligación es contar buenas historias o, dicho de otra manera, acercar al público de la mejor manera posible aquello que le pasa a la gente. Y aunque ya tendremos tiempo de hablar del contenido, viendo cómo iban cambiando los hábitos de consumo, y siempre que la historia nos lo permitiera, parecía evidente que si el formato era audiovisual, nos lo compraban mejor.

Por eso, a lo largo de este tiempo, hemos implementado nuevas formas de contar aquello que ocurre en formato de vídeo. Inicialmente lo hicimos con vídeos que se explicaban por sí solos sin añadir ningún otro elemento y, en todo caso, contextualizando y tratando de poner el anzuelo en el titular de la publicación. Poco después, nos dimos cuenta de que aquellas píldoras visuales viajaban por la red y por tanto debían tener nuestro sello. Primero les incorporamos una mosca del programa y poco después una careta de entrada y de salida. Más tarde adaptaríamos una mosca en movimiento a la ventana digital del programa (*8aldia.cat*), y distintas caretas genéricas y otras personalizadas para los grandes eventos. Así lo hicimos con las elecciones americanas o con nuestro viaje a Irak.

Luego le llegaría el turno a nuestro *teaser* (digital) del programa. Una especie de cápsula de 40 segundos con una sintonía fija y mediante la cual pocos minutos antes de empezar el programa, explicábamos algunos de los grandes temas o entrevistas que abordaríamos.

Más tarde, serían los vídeos con un formato más rompedor o menos habituales en nuestra marca, que ya incorporarían texto de distintos tamaños y colores, y que explicarían las mismas historias pero mejor contextualizadas. E incluso, en ocasiones, incorporaríamos logos, grafismos o cualquier elemento que ayudara a reforzar el mensaje. Además, la ventana digital nos permitía poner a prueba formatos y lenguajes que más tarde incorporaríamos a la televisión. En septiembre de 2016, el informativo del mediodía arrancaría con una especie de resumen de titulares inspirado en ese tipo de vídeos y el programa de la noche haría lo mismo, pero para despedirnos de la audiencia (figura 10). Unos vídeos y un lenguaje visual al que nunca habríamos llegado sin el talento de grafistas como Daniel González o Benjamín Villegas, o el empeño de Laura Guinovart, la realizadora de *8 al dia.*

Figura 10.

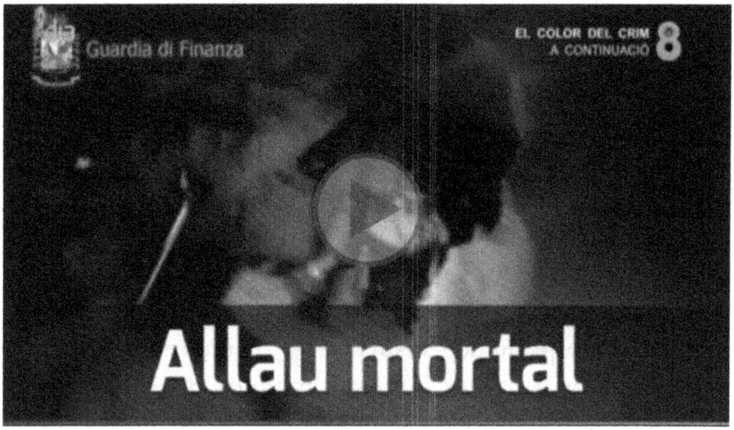

Enlace: https://goo.gl/fw4UGW

Y, cómo no, además de todo aquello que producíamos, empezamos a generar contenidos propios para explicar y avanzar aquello que acababa de pasar. Lo hicimos, eminentemente gracias al periodismo móvil, pero no exclusivamente. Como decía un compañero del equipo, se trata de hacer una especie de «videotuit» donde destacar una última hora o explicar un acontecimiento de una forma más relajada y cercana al espectador. De algún modo, nos sirve para explicar el qué de la noticia, puesto que horas más tarde en el programa explicaremos el cómo, el porqué e incluso trataremos de contextualizar mejor lo sucedido.

Otra fórmula que adaptamos fue la de robarle una breve explicación de algún tema peliagudo a alguno de nuestros invitados y publicarla antes de que entrara en directo en el programa. Era una forma sintética y pragmática de abordar el tema en cuestión mientras avisábamos a nuestros seguidores de lo que estaba por venir.

Y esa misma fórmula, y después de perder el pudor, la incorporaríamos con nuestros redactores y expertos en las distintas disciplinas. Es decir, si a media tarde estallaba una determinada información, grabaríamos rápidamente una primera valoración del mismo redactor o redactora que horas más tarde se explicaría en directo. De este modo, nuestro espectador identifica mejor a quien le habla y además conseguimos reforzar al equipo, siendo ellos los primeros a los que recurrir y no a un experto externo.

Y aunque lo dejo para el final, la decisión que ahora os contaré fue una de las primeras que tomé al pensar en qué podíamos aportar desde lo digital. Mi madre siempre me decía que la comida no se tira. Y yo, que siempre he sido muy obediente, sigo sin entender cómo aún hay tantos medios eminentemente informativos que, tras una entrevista con una personalidad interesante, extraen 30 segundos o un minuto, que es el que compartirán con sus espectadores u oyentes. Pero, ¿qué ocurre entonces con el resto de la conversación? Pues seguro que no os sorprende saber que se va directo a la basura... Y como a mí me enseñaron que las cosas de valor no se tiran, cambié algunas dinámicas. Entiendo que en televisión hay que escoger un fragmento corto de esa entrevista, pero la web no tiene límites. Así pues, en infinitas ocasiones y sin necesidad de armar un rodaje con dos cámaras y realización o posproducción de por medio, decidimos funcionar de la siguiente manera:

- Iríamos a la entrevista en cuestión con dos micrófonos —a ser posible de corbata— y no únicamente con el del entrevistado.

- Nos prepararíamos la entrevista siendo conscientes de que se emitiría íntegra y por lo tanto trataríamos de hacerla más clara y explicativa sin perder la perspectiva de lo que queríamos obtener de aquella persona.

- Se grabaría únicamente al protagonista de la historia: el entrevistado. Y como mucho, grabaríamos algún plano de recurso del momento del saludo entre entrevistado y entrevistador.

- Una vez terminada, se editaría lo mínimo y se conservaría en versión original sin doblaje alguno.

- La publicaríamos en la web y difundiríamos mediante las redes sociales del programa.

- Y por último, y muy importante, el día de la emisión del fragmento escogido para el informativo, informaríamos a la audiencia de la opción de ver la entrevista completa en la web del programa.

Así lo hicimos por ejemplo cuando entrevistamos al desaparecido y brillante sociólogo y filósofo Zygmunt Bauman o a tantos otros como Jimmy Wales, fundador de Wikipedia (figura 11).

Figura 11.

Enlace: https://goo.gl/FMfGJZ

Con estas dinámicas y algunas otras incorporadas, cerramos un círculo que le daba sentido a toda la estrategia, ya que comunicamos de fuera para dentro, pero también en sentido opuesto. Y lo mejor de todo ello es que buena parte de ese material se convierte en contenido generado, exclusivamente, por y para la web y nuestras plataformas sociales.

1.5. La llegada de Snappy

Más allá del uso que le conferíamos a las redes sociales, en anteriores capítulos os hablaba de la importancia de sembrar buenas relaciones con los *players*, puesto que el trabajo conjunto con ellos nos puede beneficiar y ayudarnos a evolucionar. Y también os he hablado del papel que Ángel Fernández ha jugado en todo este proceso al acompañarme y ayudarme a abrir nuevas puertas.

Pues bien, en mi primera reunión con Ángel, él citó de pasada los beneficios que podía tener en nuestras dinámicas una empresa con la que el Grupo Godó ya había contactado en su momento. Se trataba de SnappyTV y, por lo poco que me contó Ángel, era obvio que podía resultarnos de mucha utilidad. Como decía, tiempo atrás el Grupo contactó con ellos, pero los elevados costes de su herramienta y el hecho de no poder aplicarla a todos sus medios de comunicación hicieron que finalmente la descartaran.

Por mi parte, y absolutamente convencido de que esa plataforma tenía que pasar a formar parte de nuestra mochila diaria, decidí investigar más sobre ella. Fue entonces cuando tuve una grata sorpresa: SnappyTV había sido recientemente comprada por una empresa que os sonará: Twitter.

A partir de ahí, todo parecía sencillo. Así pues, me puse en contacto con los compañeros de Twitter y les expresé mi interés por aquel servicio. El problema es que, por aquel entonces, ninguna televisión de España la estaba usando de forma regular. Debíamos ser los primeros, y aun no siendo una televisión con emisiones de ámbito nacional, mi insistencia debió conmover a alguien, puesto que pocos días después ya estábamos operando con Snappy (figura 12).

Figura 12.

Pero, ¿por qué me pareció tan necesario este servicio? Muy sencillo, SnappyTV nos permitiría abordar una serie de procesos en un tiempo récord, ganando agilidad y dejando atrás las horas de fragmentación manual del programa. Gracias a SnappyTV podíamos —y podemos—:

- Fragmentar el programa mientras se emite en nuestro propio directo.
- Exportar el contenido escogido automáticamente a nuestro servicio de alojamiento de vídeos —Brightcove, YouTube, Ooyala, etc.
- Tuitear al momento el fragmento seleccionado y ver publicado el vídeo —de forma nativa— en Twitter pocos segundos después de hacer clic en el *send*.

- Distribuir aquel contenido, también de forma nativa, por otras redes sociales o plataformas como Facebook, Tumblr, etc.

¿Os dais cuenta de lo que eso significaba para nosotros? Lo primero: inmediatez. A diferencia de lo que se venía haciendo hasta entonces, ahora seríamos capaces de distribuir, en forma de vídeo, un pequeño fragmento o destacado de una entrevista o de cualquier momento del programa en cuestión de segundos por las redes sociales y de tenerlo publicado en las web en pocos minutos (figura 13).

Figura 13.

Enlace: https://goo.gl/BICvG0

Y además, y no menos importante, cambiar las dinámicas de unos procesos que ahogaban en la depresión a cualquier periodista que quisiera publicar aquello que acababa de ocurrir en directo. Hasta aquel momento, el mecanismo que había que seguir para subir un contenido a la web era el siguiente:

1) Esperar a que el fragmento emitido estuviera disponible en el sistema. Se subía el programa en bloques de 10 minutos y eso significaba que si aquello que buscábamos estaba entre uno de esos bloques y el siguiente, había que esperar otro tiempo extra, como mínimo de 10-15 minutos, para poder editar lo de ambos sacando el contenido íntegro.

2) Abrir una sesión web en el editor del programa EDIUS y editar el fragmento escogido.

3) Exportar aquel contenido en un formato reducido, para no sobrecargar el sistema.

4) Subir manualmente cada uno de esos fragmentos a nuestra plataforma de vídeos.

5) Esperar a que estuviera disponible y, una vez en nuestro servidor, copiar la ID de aquel vídeo.

6) Entrar en la configuración de la web, crear una nueva entrada, darle forma y adjuntarle aquella ID.

7) Publicar el contenido.

Pues bien, con Snappy podíamos saltarnos los primeros cinco puntos del antiguo proceso y, mientras esperábamos a que el vídeo estuviera disponible en nuestra plataforma de vídeos, podíamos seguir editando el siguiente fragmento del programa. Y no solo eso, también conseguimos que Snappy introdujera entre nuestros canales de *streaming* el del Parlamento de Cataluña y el del Congreso de los Diputados. De esta manera, siempre que hay una sesión relevante, podemos seguirla mientras fragmentamos y compartimos con nuestra audiencia aquellos momentos informativamente más valiosos.

1.6. Las visualizaciones y el periodismo de datos

Hablábamos antes de la importancia del vídeo y de los buenos resultados que este nos aporta. Pero nuestro objetivo no se basa en los números ni en las métricas. Los buenos resultados son importantes, pero aún lo es más que detrás de esos contenidos haya un criterio periodístico y editorial. Por eso, y conociendo los recursos de los que disponemos y las herramientas que nos ofrece el ecosistema digital, es imprescindible que frente a cualquier tema que queramos contar, escojamos la mejor manera de hacerlo.

Pocos meses después de arrancar la temporada 2015-2016, empezamos a incorporar en nuestras dinámicas el uso de herramientas de periodismo de datos. Nuestra incursión en este campo siempre fue discreta, pero con buenas ideas, herramientas sencillas y algo de astucia incorporamos nuevas maneras interactivas de informar. Lo hicimos y lo seguimos haciendo tímidamente, puesto que nuestros recursos humanos no nos permiten abordar infografías o visualizaciones de las dimensiones de las de *The New York Times*, pero aun así cumplen su función.

Entre las herramientas que más usamos están las siguientes:

- **ThingLink** (www.thinglink.com): partiendo de una imagen estática, esta herramienta nos deja añadir una serie de puntos interactivos que, con el movimiento de nuestro cursor, desplegarán imágenes, vídeos o enlaces. Además, ThingLink ofrece, desde hace un tiempo, la posibilidad de trabajar con contenido en 360° y por tanto favorecer las visualizaciones en realidad virtual e inmersiva.

- **Piktochart** (https://piktochart.com/): herramienta perfecta para crear imágenes e infografías estáticas muy simples y creativas. Entre sus ventajas, cabe destacar la cantidad de imágenes, fondos, logos y símbolos que nos ofrecen para personalizar aquello que queramos explicar.

- **Infogram** (https://infogr.am/): servicio ideal si nuestro objetivo es crear una buena infografía. Ofrece múltiples tipos de diagramas y satisfará al más exigente, a pesar de sus creaciones de aspecto clásico.

- **JuxtaposeJS** (https://juxtapose.knightlab.com/): el equipo de KnightLab, responsable de esta y muchas otras brillantes herramientas, creó junto con JuxtaposeJS una forma sencilla de explicar gráficamente la evolución de un lugar o un objeto. El proceso consiste en subir dos imágenes lo más parecidas posibles en cuanto a ángulo y dimensiones para posteriormente fusionarlas añadiendo una especie de barra o cortina que, moviéndola de derecha a izquierda, nos mostrará la evolución del objeto escogido.

- **Riddle** (https://www.riddle.com/): esta es otra de aquellas webs que hay que visitar a menudo. Si os gustan las encuestas interactivas, no la dejéis pasar. Además de generar una interfaz moderna, nos ofrecerá valiosos resultados de la votación: número de votos, aciertos o fallos, e incluso las opciones erróneas más escogidas en cada una de nuestras preguntas.

- **Genial.ly** (https://www.genial.ly/es): con aspectos que recuerdan a alguna de las anteriores, esta es sin duda una herramienta potente que nos permitirá crear visualizaciones 100 % multimedia añadiendo contenido social, vídeos y prácticamente cualquier elemento que nos imaginemos.

- **PowToon** (https://www.powtoon.com/): como os decía en alguno de los capítulos del libro, hay momentos en los que necesitas encontrar una narrativa diferente para explicar una información; PowToon cumple con esa necesidad, ofreciéndonos una especie de cómic en forma de vídeo y con algunos personajes tan reconocibles como Barack Obama o Donald Trump.

- **TimelineJS** (https://timeline.knightlab.com/): desgraciadamente, a menudo nos toca contar historias que se repiten con demasiada frecuencia. Los ya habituales atentados terroristas son un claro ejemplo de ello. Por eso, si queremos crear una visualización que nos permita viajar en el tiempo, para informarnos de todo lo acontecido en meses o años anteriores, Timeline nos satisfará con unas visualizaciones claras y una interacción impecable.

- **StoryMapJS** (https://storymap.knightlab.com/): siguiendo con el ejemplo anterior, nos ha tocado explicar ya demasiadas veces cómo unos perturbados acababan con vidas inocentes en ciudades de todo el mundo para reivindicar su propia causa. Atentados como el de París de noviembre de 2015 fueron explicados por nuestro equipo digital con esta herramienta (figura 14).

Figura 14.

Enlace: https://goo.gl/Gx9GHK

Estas son solo algunas de las muchas herramientas que usamos en *8 al dia* y que nos ayudan a trasladar una mejor información de aquello que nos brinda la actualidad de cada jornada. Maneras de contar una historia, a menudo muy distintas de como lo hace la prensa, la radio o la televisión. Ni mejores ni peores, simplemente distintas.

2. El contenido es el rey

Tras este repaso de algunos de nuestros secretos mejor guardados, no puedo continuar sin destacar lo más importante de todo. Como periodistas, podemos ser grandes expertos en la edición fotográfica o de vídeo, podemos manejar las redes sociales mejor que el mismísimo Zuckerberg e incluso crear unas visualizaciones excepcionales; pero si olvidamos el contenido y la historia, nuestra maestría en todas estas prácticas será inútil. Además, todas estas dinámicas tienen una cierta caducidad y lo que hoy seduce a nuestro público, mañana le puede aburrir; y si nuestro valor se ciñe a algo tan volátil, también pereceremos con ellas. Pero hay algo que no caduca jamás: las ideas y la capacidad de contar historias.

Por eso, antes de plantearnos qué herramienta debemos usar, deberíamos reflexionar sobre qué historia queremos contar, siendo conscientes de que la debemos estudiar e investigar para poder sintetizarla en uno de estos elementos creados para ser consumidos en cuestión de minutos. El contenido es primordial y es nuestra materia más preciada. Podemos trabajar con formatos más cercanos al entretenimiento o a la información, pero hagamos lo que hagamos, contemos correctamente la historia y cuidemos su contenido.

3. Derechos de autor, de imagen y demás derechos. ¿Qué podemos publicar o emitir?

Hasta ahora hemos hablado de procesos, narrativas, herramientas, formatos y tantos otros temas. Pero como os decía, hay uno que converge en todos ellos: el contenido. Y esa materia prima a menudo está sujeta a distintos derechos que la protegen. Es por ello que, en este punto, quiero hablar de su tratamiento, tanto para la ventana digital del programa como para su emisión en televisión.

Por eso, antes de utilizar unas imágenes o unos determinados recursos audiovisuales, debemos cerciorarnos de poder hacerlo sin pasar por encima de su autor o propietario. Probablemente alguno de vosotros estaréis pensando en todos esos medios que seguís por las distintas redes sociales y que siempre ilustran aquello que les place con imágenes o vídeos que son propiedad de un tercero. Algunos lo hacen legalmente, pero muchos otros, en este preciso instante, están cruzando los dedos confiando en que no les caiga una multa que les obligue a replantearse sus frívolas costumbres.

Y teniendo en cuenta que nosotros nunca fuimos unos tipos a los que les gustara demasiado este tipo de riesgos, antes de empezar a implementar todo lo que os he descrito hasta ahora, quisimos formular una serie de consultas al despacho de abogados que asesora a nuestra cadena, con el fin de conocer cuáles eran las líneas rojas que no debíamos traspasar y así evitar problemas en el futuro.

Lo primero que nos sugirieron nuestros asesores legales fue que incluyéramos un enlace en nuestras web y redes sociales que condujera al documento que contenía las bases legales y condiciones de participación del programa. En ellas, se informaba del uso de su contenido mientras se nos eximía de cualquier tipo de responsabilidad, tanto en el ámbito de autoría como de derechos de imagen. A su vez, también incorporaríamos una especie de destacado informativo y sobreimpreso en pantalla cada vez que el presentador hiciera un llamamiento a la participación, mostrando así las vías de contacto del programa.

Entre los supuestos que les planteamos había una parte importante relacionada con las redes sociales y todo aquello que recibiéramos de nuestros espectadores. Las variables que manejamos eran las siguientes:

- Mensajes, fotografías o vídeos que nos mandaran libremente nuestros seguidores, se las hubiéramos pedido o no. En este caso, la recomendación era usar aquellos contenidos, puesto que en nuestras plataformas digitales ya constaba ese aviso legal del que os hablaba. Obviamente, aquí era obligación nuestra revisar todo el material recibido para tratar de identificar si había algún elemento sujeto a los derechos de un tercero.

- Tuits, publicaciones en Facebook, imágenes o vídeos de Instagram o vídeos de YouTube publicados libremente sin estar dirigidos a nosotros, como ejemplo la cantidad de mensajes diarios publicados por políticos, deportistas o cualquier persona pública o anónima en las distintas redes sociales. La recomendación en este caso era la de mostrar todo aquello que deseáramos, siempre que el perfil de aquella persona fuera público, citáramos al autor, y el contenido de su mensaje no contraviniera los derechos de imagen ni de autoría de un tercero. Es decir, si alguien publicara un vídeo de un partido de fútbol de la liga en su canal de YouTube, este sería el propietario de esa grabación, pero no de los derechos de propiedad intelectual de esas imágenes y, por tanto, deberíamos prescindir de ellas.

Además de estas casuísticas, obviamente hablamos de los siguientes conceptos que también había que tener claros:

- **Derechos web / derechos *broadcast* / banco de imágenes.** En este caso, hablo del contrato que se establece con cualquier agencia de noticias, mediante el cual nos podemos suscribir a su contenido visual para ser emitido en televisión, en web o en ambos sitios. Además, también se puede contratar el uso de su banco de imágenes.

- **Derechos de imagen.** Referidos a los derechos de aquel contenido que puede ser, o no, de nuestra propiedad.

- **Derechos de autoría.** Los otorgados al verdadero autor de un contenido. O dicho de otra manera, por mucho que yo publique un vídeo en internet, eso no significa que yo lo haya grabado.

Y siguiendo estas simples pautas, puedo decir satisfecho, aunque siempre cruzando los dedos, que hasta la fecha no hemos recibido queja o denuncia alguna. Del mismo modo, también debo confesar que buena parte de las conclusiones emitidas por aquel equipo legal reconocía que, en este ámbito, mucho de lo analizado sigue estando en un limbo legal o estadio de alegalidad, ya que la ley y los legisladores no son capaces de regular un ecosistema que cambia con tanta celeridad. Y aunque evolucionara en los próximos meses o años, la mejor de las recomendaciones es la que os daban en casa de pequeños: sentido común y prudencia.

4. Innovar, innovar, innovar... Sin prisa pero sin pausa

Decía antes que el contenido es lo realmente valioso de cualquier proceso como el que estoy narrando. Y a pesar de que sin ese contenido no hay inventos que valgan, dejad que insista una vez más en algo que, bien combinado con la mejor de las materias primas, es imprescindible.

Sí, lo sé, no es la primera vez que lo escribo en estas páginas, pero el conformismo, la apatía y el inmovilismo no cuajan bien en este tipo de trabajos. No lo hacen en la parte más ligada a los contenidos, pero aún mucho menos cuando cada día tratas de encontrar mejores maneras de explicar lo que ocurre y de usar fórmulas que lleguen mejor a tu espectador o seguidor.

Por eso insisto una vez más en que hay que estar constantemente pensando en darle una vuelta de tuerca a todo lo que hacemos. Es necesario evitar caer en rutinas, que lo único que propician son absurdos automatismos. Hay que cuestionarlo todo, sin locuras, pero poner en crisis lo que hacemos ayuda a evolucionar. Eso sí, como digo, manteniendo la estabilidad y reconociendo aquello que funciona frente a aquello otro que sabemos que hoy funciona, pero que mañana probablemente lo hará menos.

En nuestro caso, ese proceso de análisis constante se ciñe, en especial, a algunos servicios en particular. La web es uno de ellos, puesto que siempre se te ocurren nuevas maneras de mostrar mejor una historia o de hacerlo de forma más eficiente. Las herramientas de visualización es otro campo que siempre estamos investigando, puesto que hay centenares de ellas que emergen a diario y que nos hacen abandonar algunas en favor de otras más útiles. Y en esa misma línea, la emisión de contenidos en 360° y la realidad virtual también nos tienen bastante ocupados. Por último, y en ocasiones también en 360°, las emisiones en directo desde plataformas como Facebook Live y Periscope también están en nuestras oraciones.

5. Las emisiones en directo: Periscope y Facebook Live

Muchos pueden pensar que tiene poco sentido que un medio de comunicación, y en especial de televisión, emita en directo de forma gratuita por las distintas redes sociales. En parte entiendo que suene extraño, pero en los tiempos que vivimos la generosidad en las redes es habitual.

Emisiones en directo mostrando momentos únicos; comentarios sobre un determinado libro y recomendaciones que nos ayudarán a seguir disfrutando, lo mismo con películas o series de televisión; instrucciones de todo lo inimaginable en YouTube; reseñas de cualquier producto;

foros y chats de ayuda sobre temas específicos; y webs que pretenden aunar todo el conocimiento posible sin esperar una retribución económica ni afectiva. Ya lo decía Lev Grossman en su artículo en la revista *TIME*, donde justificaba por qué aquella publicación había decidido otorgarte su mayor premio a «TI». Sí, así lo dijeron, la persona del año 2006 fuiste tú. Bueno, en realidad tú y todos nosotros. Así nos lo avisaba la portada de *TIME* que rezaba: «Tú controlas la era de la información. Bienvenido a tu mundo». Y finalmente, también añadía: «En 2006, la web se ha convertido en una herramienta para aunar las pequeñas contribuciones de millones de personas y así, hacerlas valiosas».

Ahora bien, ¿lo hacemos solo por generosidad? No, obviamente no. Pero también, en realidad, se trata de una especie de generosidad egoísta. Probablemente, la misma que mueve a aquellos que dejan un comentario o una valoración en TripAdvisor, Airbnb, Uber, Amazon, eBay, Yelp y tantos otros servicios. Pero, ¿qué ganan con ello? Pues probablemente que otros, como ya hicieron ellos, dejen sus comentarios o valoraciones sobre un producto para que cuando vuelvan a estar frente a la duda, alguien les aclare amablemente algunos detalles.

Vayamos pues a esos otros beneficios que nos atañen. Para empezar, nosotros no estamos 24 horas en directo y, por tanto, el hecho de que cada periodista —con un simple móvil—, se convierta en un canal en directo de aquello que sucede es tremendamente positivo para la audiencia. Una audiencia que, si siente confianza por aquel periodista o canal, probablemente querrá que sean ellos mismos quienes más tarde le terminen de contar la historia. A su vez, el periodista se siente realizado por poder cumplir con su pasión y obligación cuando ocurre algo noticiable, trasladándolo tan pronto como le resulte posible. Por otro lado, y a diferencia de los medios generalistas, aquí el espectador puede interpelar al periodista y este contestar a sus dudas, convirtiendo ese instante informativo en una especie de charla, algo más informal, donde el redactor no se remite únicamente a esa parrafada ensayada, sino que va mucho más allá. Y esa experiencia probablemente conseguirá que sean más los espectadores que se fidelicen a nuestras redes sociales y, por ende, a nuestro producto. Por último, a diferencia también de los medios tradicionales, en este tipo de emisiones en directo no hay límite de tiempo.

5.1. Las principales plataformas de *streaming*

Dicho esto, ¿cuáles son las principales plataformas de *streaming* que deberíamos tener en cuenta? Pues bien, como acostumbra a suceder en la red, no hay una opción perfecta. En realidad, hay muchas aplicaciones o servicios que nos pueden resultar de utilidad. Primero fueron algunas como Livestream, Bambuser y, cómo no, YouTube. Más tarde llegarían Meerkat o Periscope, a las que seguiría de cerca la última en subirse al carro, aunque paradójicamente la que parece estar en lo más alto del podio: Facebook Live.

En nuestro caso, ya desde la campaña de las elecciones catalanas del 27 de septiembre, todo empezó con Periscope. Por aquel entonces, lo usábamos para acercar al espectador algunos momentos relevantes, o en ocasiones sorprendentes, de unos líderes y partidos que se enfrentaban en aquella cita electoral.

La implementación de Periscope en la redacción de *8 al dia* fue como un soplo de aire fresco. Los periodistas, algo aburridos de sus herramientas habituales, vieron en Periscope una novedad y una nueva ventana al mundo que ofrecía algo más de adrenalina que la simple grabación y publicación de un contenido. Algunos habían oído hablar de ella; otros, ni eso, pero ninguno se había estrenado en un directo por el móvil.

Primero llegaron las sesiones de aprendizaje y, tras algunas recomendaciones iniciales que con el tiempo se volverían más exigentes, algunos ávidos espectadores pudieron descubrir cómo en una sala de reuniones de 8tv, cerca de diez periodistas a los que habitualmente veían sobre las 21.00 h, aparecían de pronto en sus pantallas —del móvil—, sin maquillaje ni tanto corsé, a eso de las 16.30 h de una tarde cualquiera. Desde aquel espacio les saludamos y les explicamos el porqué de aquella «aparición». Algunos compañeros les detallaron a qué partido seguirían y otros, como suele ocurrir en las redes sociales, prefirieron observar.

La cobertura de aquella campaña fue un éxito y la ventana que nos ofreció Periscope hizo que posteriormente se consolidara entre toda la redacción aplicándola con espectaculares resultados en la campaña de las elecciones españolas del pasado 20 de diciembre y en las del 20 de junio de 2016.

Visto con perspectiva, y con las limitaciones que por aquel entonces tenía Periscope, aquello tuvo todavía más mérito. Periscope es hoy mucho mejor de lo que era entonces. Sus emisiones ya se pueden ver directamente integradas en el *timeline* de Twitter, así como en los ordenadores de escritorio. Y no solo eso, ya ni siquiera es necesario tener la aplicación de Periscope descargada, ya que la misma red, hoy dirigida por Jack Dorsey, ya permite las emisiones en tiempo real sin necesidad de salir de la misma. Además, hoy las emisiones perduran en el tiempo y se pueden guardar (figura 15).

Figura 15.

Enlace: www.periscope.tv

Un buen día, hablando con los compañeros de Facebook España, nos avanzaron que nos habilitarían la funcionalidad de Facebook Live con algo de ventaja a la mayoría de los mortales. Obviamente, no podíamos ni queríamos rechazar una oportunidad como aquella, y poco tiempo después ya estaríamos combinando ambas herramientas para nuestras emisiones. Como ya nos tiene acostumbrados, Facebook no se pone por poco y, tras semanas del lanzamiento a nivel mundial, muchos de sus usuarios —a día de hoy Facebook cuenta con mil ochocientos millones de usuarios en todo el mundo— ya lo estaban probando. Mediante esta red, viviríamos en directo momentos únicos y maravillosos, pero también disparos entre policías americanos y supuestos delincuentes, e incluso nos invitarían a vivir conflictos bélicos en primera persona. Si hasta ahora las guerras habían sido televisadas, ahora sus combatientes emitían en directo para alardear de músculo o de sangre fría.

En el caso de Facebook, emitir en directo no tiene ningún secreto. Con un funcionamiento muy parecido al de Periscope, nos permite hacer un directo en cuestión de segundos, integrar la emisión en nuestro perfil y publicarla una vez finalizada como si de un vídeo se tratara. A día de hoy, y seguro que esto también cambia, en lo único relevante en que difieren la de Dorsey y la de Zuckerberg, es en la posición de la emisión. Mientras Periscope se adapta a las emisiones en posición vertical/horizontal, Facebook da bastante más guerra, ya que obliga a mantener la posición adoptada inicialmente durante toda la emisión y, en caso de no hacerlo, se comporta de forma distinta si consumimos aquel directo en el móvil o en un ordenador de escritorio.

Por último, y antes de avanzar en las claves para realizar una buena emisión mediante estas herramientas, hay que aclarar que desde la dirección digital del programa decidimos que, tanto en el caso de Periscope como en el de Facebook Live, las emisiones se hicieran siempre desde el perfil oficial de *8 al dia*. Fuimos pioneros en su uso y parecía obvio pensar que debíamos tratar de dispersar lo menos posible a nuestros seguidores. Además, no siendo emisiones tan frecuentes como lo es la publicación de un tuit, valía la pena que fidelizáramos al espectador emitiendo siempre desde el mismo sitio.

5.2. Consejos para emitir en directo

Aunque podríamos hacer diferencias entre Facebook Live y Periscope, creo que hay una serie de recomendaciones que son válidas para cualquier emisión en directo y, por tanto, aquí van:

- Tomarse el tiempo necesario, si es posible, para escribir un título sugerente, tanto, como el de cualquier noticia que pretenda captar la atención del espectador.
- Asegurarse de tener una buena cobertura móvil.
- Activar la localización para que cualquiera pueda saber desde dónde emitimos.
- Hacer las emisiones con el terminal en disposición apaisada, es decir, en posición horizontal. Soy muy consciente de que este aspecto genera reacciones de todo tipo, pero teniendo en cuenta que hacemos televisión, parece obvio que en función de lo que se emita, podríamos querer aprovechar ese contenido en la televisión y, por lo tanto, seguimos pensando en los 16:9. Aun así, esta recomendación no se lleva bien con Facebook.

Una vez tenemos estos conceptos claros, toca empezar a emitir y no olvidar algunas otras cuestiones:

- Antes de empezar a explicarnos, debemos darle tiempo a nuestra audiencia a sumarse a nuestro canal. Por ello, siempre deberíamos esperar unos 20 o 30 segundos antes de comenzar a hablar.

- Es imprescindible que el espectador sea capaz de identificar a quien le habla. Por eso, hay que dar la cara, saludar, presentarnos y explicar con algo más de detalle qué es lo que pretendemos mostrar.

- Hablando de dar la cara, valdría la pena tener en cuenta que el objetivo de nuestro móvil no está en la pantalla. Así que, si no queremos aparecer con la mirada pérdida, deberíamos dirigirnos a la óptica.

- Y ya de paso, y para evitar que nuestros espectadores acaben mareados, hay que evitar movimientos bruscos o excesivamente rápidos.

- Otro aspecto esencial e inherente a este tipo de emisiones es la interacción con el usuario. Por eso, debemos tratar de leer las preguntas que nos escriben los espectadores y responder a tantas como nos sea posible, buscando a la vez un equilibrio entre nuestra narración y la interrupción de la misma a favor de esos comentarios.

- Somos periodistas y se han conectado a nosotros esperando que les contemos algo. Por ello, debemos tratar de ser descriptivos para aportar todo lo que hemos prometido al inicio de la emisión.

- Teniendo en cuenta que este tipo de emisiones consumen mucha batería, es imprescindible salir de la redacción con la pila al 100 % y, si es posible, con un cargador externo por si la jornada se prevé larga.

- Por último, y ya yendo a por nota, si asumimos que nuestra explicación es importante, también deberíamos asumir que nuestro sonido ha de ser bueno. El problema es que los micrófonos integrados en los teléfonos móviles, en principio están pensados para mantener conversaciones con el terminal cerca de nuestra boca. Por eso, es muy recomendable que les adaptemos un micrófono direccional o de corbata que nos permita explicarnos con nitidez. Además, y si queremos compensar el movimiento o la falta de luz, un trípode o estabilizador nos pueden ayudar, y una antorcha led nos asegurará una buena iluminación. Por si os estáis preguntando cómo se adaptan estos *gadgets* a un móvil, no desesperéis, en pocas páginas lo descubriréis.

5.3. Periscope Producer, Facebook Live y YouTube Live: otro tipo de emisiones

No querría acabar el capítulo de los vídeos en directo sin abordar este otro tipo de emisiones. Tras un tiempo con *Lives* únicamente desde los móviles, los principales responsables de estas prácticas quisieron ir más allá. Periscope habilitó una nueva funcionalidad llamada Periscope Producer, que nos permitiría emitir el programa por nuestro canal de Periscope y, por tanto, mediante Twitter. Por otro lado, Facebook Live se adaptaría también a este otro tipo de emisiones igual que YouTube venía ofreciendo desde hacía algo más de tiempo.

Nosotros, desde *8 al dia* y con esa obsesión por estar siempre encima de cualquier novedad, tuvimos la suerte de ser la primera televisión de España en emitir en directo a través de Periscope Producer. La emisión fue un éxito y hasta el momento había tenido pocos precedentes. Se había probado en la emisión del famoso programa *Dancing with the stars* de la cadena norteamericana ABC y también en el último discurso de Barack Obama, como presidente de los Estados Unidos, en las Naciones Unidas —20 de septiembre de 2016.

El 5 de octubre de 2016 lo llevamos a cabo en *8 al dia* y así se lo explicamos a nuestros espectadores (figura 16).

Figura 16.

Enlace: https://goo.gl/HcH1vP

Esta fue nuestra primera experiencia, y pocos días después seguiríamos innovando emitiendo por primera vez por la televisión, de nuestra web, de Periscope Producer, de Facebook Live y de YouTube Live. Una experiencia muy gratificante, mediante la cual siempre es más fácil «pescar en otros mares», como diría el amigo Ángel Fernández. De hecho, buena parte del mérito de que todo esto fuera posible, es suya. Hoy por hoy, seguimos usando este tipo de emisiones pero las reservamos a programas especiales, entrevistas importantes o cualquier momento que creamos que lo merezca.

6. La implicación de la redacción

Contaba, páginas atrás, que otro de nuestros objetivos era revalorizar a los redactores del programa y darles un mayor protagonismo. De hecho, esa decisión no era algo nuevo ni aportado por el equipo digital del programa. Ya desde los inicios de la aventura de *8 al dia*, Josep Cuní quiso que su equipo tuviera un peso importante durante las tres horas de programa —una decisión generosa y poco habitual en estos niveles de nuestro sector, donde, demasiado a menudo, el líder de la manada no acepta la más mínima sombra.

Lo explicaba al inicio del libro cuando detallaba el funcionamiento coral del informativo diseñado por Cuní, en el que los redactores tienen un peso fundamental, siendo ellos quienes narran la noticia seguida y perseguida.

Desde lo digital, conseguimos que sus perfiles de Twitter acompañaran su nombre mientras aparecían en pantalla. También cambiamos la manera de retuitear sus informaciones para darles mayor visibilidad citando su publicación y respaldándola frente a nuestros miles de seguidores. Para ello, todos saben que únicamente deben mencionar el programa en su tuit y, al hacerlo, el equipo digital es notificado y proceden a destacarlo si es relevante.

Otro de los puntos que abordamos fue la forma de mostrar su contenido en las redes y en la web. Hasta el momento, espacios como el informativo del programa se distribuían completos, desde la primera a la última de las informaciones. Pero aquello tenía poco sentido puesto que el espectador que recurría a la web, podía sentirse más atraído por una noticia de dos minutos sobre un tema de su interés que de los 30 minutos del informativo íntegro. Por ello, además de mantenerlo completo, optamos por segmentar esos grandes bloques escogiendo ocho noticias diarias que se publicarían en la web. Además de todas ellas, seleccionaríamos tres que también se distribuirían por las redes sociales.

De hecho, esta no es la única iniciativa adoptada para reforzar su trabajo y dar respaldo a su profesionalidad. Desde hace ya bastante tiempo, otro de los temas que quisimos incorporar fue el de nuestros «redactores expertos». Hasta el momento, cada vez que estallaba un tema candente se recurría a expertos de todo tipo para obtener una breve declaración y valoración; de hecho, esto se sigue haciendo. Ahora bien, ¿por qué para según qué temas no optamos por nuestros propios redactores, para que sean ellos quienes le expliquen a la audiencia un determinado tema? Pues bien, de un tiempo a esta parte, ellos también son los responsables, como expertos, de adelantarnos la importancia o transcendencia de cualquier cuestión relevante.

Además, aplicamos dinámicas que juegan a favor de aquellos redactores que así lo entiendan. Les pedimos que mientras estén en la calle cubriendo un determinado tema, nos avancen cualquier novedad con una breve explicación para la web. Lo pueden hacer con la ayuda del cámara que les acompañará o del kit móvil —periodismo móvil— que todos tienen a su disposición en la redacción. Con ello, la maquinaria digital del programa se puede poner en marcha, difundir su noticia y ofrecerles a los espectadores y seguidores una información constante, y estos, a su vez, sentirán más cercanía y agradecimiento por quien les pone al día. Un goteo que, si se produce permanentemente, acaba haciendo mella y consolidando el trabajo de uno.

Y hablando de goteos constantes, debo reconocer que aún no consigo entender a aquellos periodistas que, dedicándose a este oficio, siguen defendiendo que las redes sociales como Twitter no tienen ningún sentido para ellos. ¿Cómo es posible que aún haya gente que no haya comprendido todavía que, a estas alturas de la película, es imprescindible desarrollar una identidad digital sólida, creíble y con el mayor número de seguidores posible?

Hoy por hoy, todos y cada uno de nosotros, deberíamos asumir que no es necesario poseer un gran medio de comunicación para congregar una audiencia masiva. Estamos obligados a trabajar, día tras día, en nuestra propia marca y reforzarla tanto como sea posible. Y si no me creéis, observad a todos esos blogueros o *youtubers* que, mediante su propio canal, consiguen audiencias muy superiores a la mayoría de los programas estrella de las televisiones generalistas.

Sea como fuere, desde la revolución que les propusimos en septiembre de 2015, tratamos de mostrarles esos beneficios inherentes a una buena estrategia y exposición digital. Eso sí, quien algo quiere, algo le cuesta. Y aunque usemos dichos algo más analógicos, también son aplicables a lo digital. El hecho es que por más ahínco que le quisiera poner, en el equipo 2.0 era necesaria la implicación de los redactores.

Desde la edición digital, mis peticiones iban encaminadas a ayudar al programa a informar de una forma más competente, a la vez que trataba de ayudarles a ellos a entender mejor los beneficios de todo aquello. Y como contrapartida les pedí su colaboración en los siguientes temas:

- Puesto que ahora se fragmentaba el informativo destacando en la web la noticia de cada uno de ellos, les pedí que fueran ellos mismos quienes mandaran cada tarde su titular y una breve explicación de la pieza que expondrían en el tiempo de noticias.

- Al mismo tiempo, les pedí proactividad. Y aunque esta es una de esas palabras que están tan de moda, son tan bonitas como escurridizas. Los hábitos y las rutinas hacen que, periódicamente, haya que recordarle a alguno que otro que la cobertura que hagan ese día tiene historias paralelas que pueden avanzar horas antes de salir en directo.

- Algo que sí les gusta a muchos de los compañeros del equipo son las emisiones en directo mediante Periscope o Facebook Live. Es habitual que, ante hechos relevantes o populares, sean ellos mismos quienes sugieran que querrían llevarse un dispositivo para contar qué ocurre o deja de ocurrir.

- Otro tema que en algunos compañeros ha mejorado sensiblemente es su uso de Twitter y su capacidad para seguir cualquier evento mientras lo retransmiten en tiempo real desde sus propias cuentas.

Y a pesar de todas las mejoras y de la evolución de la redacción, hay capítulos que todavía están por llegar y que aún dotarían de mayor sentido esta transformación digital completa. Hablo por ejemplo de que sean ellos mismos quienes publiquen sus propios artículos en el sitio web del programa como avance de aquello que contarán horas después. Y me refiero también al hecho de que parte de esos contenidos que nos mandan a modo de explicación, mediante un *stand-up*, puedan ser editados y publicados por ellos mismos.

Pero en su defensa, también debo decir que el ritmo de trabajo de un programa informativo de tres horas es tan intenso que difícilmente podrían hacer más de lo que ya hacen, y su disposición para con lo digital ha sido generalmente muy positiva.

Como reflexión naíf, siempre he creído que el equipo digital de una redacción no debería existir; las dinámicas digitales y los esfuerzos en el terreno digital, sin duda; pero si todos los redactores y periodistas tuvieran la suficiente formación en estos ámbitos, este tipo de periodistas no serían necesarios. Lo que sí parece esencial es que periodistas digitales y tradicionales lleguen a un punto de encuentro. Los digitales más cerca de los tradicionales, siempre que aquellos más clásicos sean también capaces de pensar y entender el universo digital como una extensión más de su labor comunicativa.

Capítulo IV
El periodismo móvil

La incorporación del periodismo móvil —o *mobile journalism* (*mojo*)— como elemento de trabajo ha sido una de las apuestas más enriquecedoras y eficientes para las dinámicas de la redacción. El revulsivo que el periodismo móvil ha supuesto fue clave en la cobertura de la campaña del 20-D, pero sin duda, y de forma mucho más ambiciosa, lo fue en la del 26-J.[1]

En un momento en que los usuarios y espectadores están acostumbrados a estar informados al minuto de todo lo que sucede, no poder ofrecérselo hubiera sido frustrante y contraproducente para nuestra estrategia y marca.

Pero aunque hoy suene a novedad e incluso podamos decir que se trata de un concepto que está de moda, son pocos quienes lo practican correctamente entendiendo la esencia de todo ello. De hecho, desde la irrupción de los teléfonos «inteligentes», algunos periodistas hemos tratado de incorporar estos *gadgets* a la rutina periodística diaria. De ahí nace el concepto *mojo*, es decir, *mobile journalism*. A raíz de ello, las marcas detectaron un vacío no cubierto entre todos sus productos y empezaron a crear la alternativa a todos ellos compatible con los móviles.

1. Sobre la cobertura de las campañas del 20-D y del 26-J podéis consultar la siguiente obra: Pipo Serrano (2017). *La cobertura digital de una campaña electoral*. Barcelona: Editorial UOC.

1. Mi incursión en el periodismo móvil

Personalmente, siempre me han apasionado los móviles y, tras muchos años trabajando en la radio y acostumbrado a sus ágiles dinámicas, cuando aterricé en televisión tuve serios problemas y resistencias para digerir que en este otro medio todo fuera tan lento y complejo. Por eso, en 2013, y coincidiendo con mis primeras apariciones en televisión, le sugerí a Josep Cuní grabar mis aportaciones del exterior yo mismo con mi móvil y con un micro direccional —que hoy conservo, con una mezcla de nostalgia y vergüenza— pero que a pesar de todo, cumplió con su cometido de forma muy digna (figura 17).

Figura 17. Micrófono direccional Belkin

Ref. BEL0114

Aquella podría considerarse mi primera incursión —inconsciente— en el *mojo*, una corriente de la que jamás había oído hablar por aquel entonces, pero que más allá de que alguien la hubiera bautizado, me parecía que estaba cargada de sentido común.

Con los años, seguí buscando micrófonos y *gadgets* que se adaptaran al *smartphone*, y en la temporada 2015-2016 todo adquirió sentido. El elemento que lo hizo posible fue el congreso de periodismo móvil nacido en Irlanda de la mano de Glen Mulcahy —responsable digital y de Innovación de RTÉ— y conocido como MojoCon (Mobile Journalism Congress). Un congreso del que no había oído hablar hasta que, trabajando en *8 al dia* y en plena cobertura del Mobile World Congress, me topé con una pequeña empresa apartada de las grandes marcas y que mostraba, desde su reducido espacio, una serie de componentes que me parecieron todo lo que había andado buscando en los últimos años. Se trataba de Shoulderpod, la empresa de Enrique Frisancho y Ana María Vicens; sus productos estrella eran —y siguen siendo— los distintos modelos de empuñaduras y soportes para el móvil, que permiten trabajar de forma profesional, adaptando el dispositivo móvil al trípode o sujeción que interese, además de poder incorporar en él un micrófono, foco led o cualquier *gadget* que nos imaginemos (figura 18).

Tras una agradable charla con Enrique, y tras compartir algunas pasiones, me habló del Mojocon y me insistió en no perdérmelo. Semanas después nos volvimos a encontrar. Aquella vez ya fue en su empresa, donde me mostró algunos otros de sus modelos mientras hablábamos del periodismo móvil y del congreso fundado por Glen Mulcahy.

A finales de abril de 2016, asistí a la segunda edición de este apasionante congreso gracias al apoyo e intuición de Josep Cuní, quien también vio, desde el primer momento, que era una cita ineludible. Ya en Dublín, dediqué cada minuto de esas 48 horas a hablar con algunos de los ponentes y a investigar qué tipo de conexiones hacían, qué tecnología usaban y cómo había resultado esa transformación en sus respectivos medios. Y no os confundáis, no eran *youtubers* o tipos de televisiones locales y perdidas de cualquier rincón del planeta; la mayoría de ellos formaban parte de medios tan prestigiosos como la BBC, RTÉ, Aj+, Hindustan Times, etc.

Figura 18.

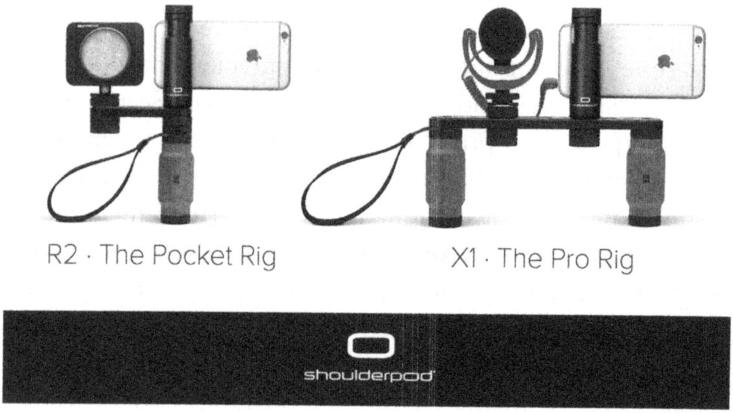

Enlace: http://www.shoulderpod.com/

Aquellos lluviosos días fueron también idóneos para coincidir con fundadores de aplicaciones novedosas, distribuidores de grandes marcas, proveedores de servicios y responsables de ya afianzadas aplicaciones, como era el caso de FiLMiC Pro.

Después de aquella experiencia, todo tomó sentido. Experiencia que, además, se repetiría en el Mojocon3, esta vez en Galway, y con la sorpresa y satisfacción de estar invitado como ponente.

2. La filosofía del periodismo móvil

14.00 horas. Reunión de preparación de programa. Una cobertura que alguien se saca de la manga a última hora y se pone encima de la mesa. Todos miramos a Raül Asensio, productor ejecutivo de *8 al dia*, quien a pesar de pasarse el tiempo haciendo milagros para sacarse un cámara de la manga, nos devuelve la mirada con resignación y espeta: «lo siento chicos, no hay más cámaras. Este rodaje no estaba entre las previsiones y por tanto no se puede cubrir».

Esto que podría sonar a relato de ficción periodístico no lo es. Se trata de una situación que, a pesar de no repetirse excesivamente ya que el bueno de Raül siempre acababa resolviendo la papeleta, para un tipo de radio como yo, se producía demasiado a menudo. ¿Qué significa que no podamos cubrir un tema que informativamente lo merece? Es evidente que la nuestra no es una televisión sobrada de recursos, pero con los años hemos demostrado que, con una decena parte de los recursos de otras, estamos a la altura de forma más que notable. Con esto quiero decir que, a pesar de no sacar cámaras de debajo de las piedras, siempre se ha hecho un encaje de bolillos para aprovechar los recursos de la mejor manera posible.

Aun así, mi cabeza entraba en una especie de estado catatónico cuando oía eso de «no hay cámaras…». Ahí empezó también mi interés por aplicar a marchas forzadas el periodismo móvil en la redacción. Y esa semilla nos demostró a todos que podíamos ir más allá.

El periodismo móvil no significa hacer lo mismo que con un cámara pero sustituyéndolo por un móvil. Ese es probablemente el error más repetido entre los que se las quieren dar de modernos sin entender el fondo de la cuestión. Algunos medios así lo demostraron en la cobertura de las elecciones americanas de noviembre de 2016. Vimos a compañeros con paloselfis y tratando de convencerse de que aquello que hacían les convertía en pioneros... No, amigos, no. Eso no es periodismo móvil. Seguramente los conceptos de periodismo y de móvil están ahí, pero la esencia no. Sin embargo, gracias al buen uso del periodismo móvil, podemos reservar alguno de esos cámaras que a menudo escasean y a cambio grabar aquella declaración o «canutazo» con un equilibrado kit móvil.

Para desarrollar correctamente el periodismo móvil, primero hay que tener claro por qué o para qué lo queremos incorporar a nuestras dinámicas y flujos de trabajo. Hay que conocer qué limitaciones tiene y cómo compensarlas de la mejor manera posible. Aun haciéndolo, hay que contar con el suficiente criterio para renunciar a según qué rodajes, siendo conscientes de que lo que obtendremos nunca será comparable al material de una cámara. Y en caso de que aun así queramos aprovecharlo, hay que cambiar de mentalidad y dejar de pensar en clave televisiva.

También es imprescindible saber qué necesita nuestro equipo en cada momento y eso también incluye el diseño de un «kit móvil» asumible por quien lo deba usar y adaptado a las distintas situaciones. El *mojo*, *mobile journalism* o periodismo móvil, también requiere de entrenamiento que debe ser impartido con paciencia, puesto que serán muchos quienes necesiten repetir la clase. Y de eso doy fe. Aún hoy, sigo enfrentándome a preguntas del ayer, siendo las del mañana las que más me motivan.

Hablaba de compensar las limitaciones del móvil y seguramente alguno se habrá quedado con ganas de oírlas. Pues bien, los principales enemigos del móvil son los siguientes:

- **La estabilidad.** Este es sin duda uno de los principales problemas que debemos corregir si pretendemos que nuestra grabación o emisión sea mostrada en televisión. Para ello tenemos tres alternativas: un trípode, un monopié o un soporte estabilizador, también conocido como *gimbal*.

- **La luz.** Muy ligado al punto anterior, la luz o, mejor dicho, la falta de luz se puede convertir en nuestro peor enemigo. Y por mucho que los grandes fabricantes de terminales móviles presuman en cada presentación de su teléfono de alta gama y de haber conseguido solucionar ese problema, os mienten. La luminosidad de los objetivos móviles deja aún mucho que desear. Por ello, en situaciones de poca luz, debemos optar por un refuerzo lumínico que le permita a la óptica trabajar correctamente; me refiero a pequeños focos de leds que caben en el bolsillo de un pantalón y que os iluminarán a la perfección.

- **El audio.** Por último, este es otro caballo de Troya del periodismo móvil. Una grabación con un mal sonido es difícilmente salvable, mientras que una mala imagen con un buen sonido siempre tiene arreglo. El problema es que, a pesar del buen resultado de los micrófonos de los actuales móviles, si posteriormente queremos emitir lo grabado en televisión, veremos cómo el audio no es aceptable y lo que es peor, además de a vosotros, se escuchará perfectamente a quienes pasen cerca de vosotros. Hablamos de micrófonos muy sensibles, pero tremendamente «ambientales» o, dicho de otra manera, no son direccionales. La ventaja es que corregir el tema del audio es relativamente fácil —y económico. Podemos optar por micrófonos de corbata, por adaptadores a micrófonos profesionales de televisión e incluso por micrófonos direccionales, que captarán mejor aquello que suceda. Estos últimos, están especialmente indicados para aquellos que disfrutan con el reporterismo más callejero.

Y dejando de lado esas carencias, es obvio que la óptica de un dispositivo móvil nunca será comparable a la de una cámara —por increíbles que sean las fotos que saquemos—, pero para contar historias es más que suficiente. Y habíamos quedado en que hemos venido a eso, ¿no? ¡Pues a contar historias!

Más allá de esas limitaciones, el periodismo móvil también aporta agilidad, independencia y proximidad. No es lo mismo entrevistar a una persona poco familiarizada con una enorme cámara y el despliegue técnico habitual, que hacerlo con un móvil al que se enfrentan cada día cuando amigos, familiares o conocidos les retratan o graban para conservar recuerdos para la posteridad.

Además, el espacio que ocupan los principales *gadgets* que conforman un digno kit de periodismo móvil es tan discreto que podemos acarrearlo a diario sin que nuestra espalda se resienta.

Por último, el coste de los accesorios necesarios es accesible para prácticamente todos los bolsillos, aspecto que facilita que quien quiera contar una historia lo pueda hacer con un coste inferior al de un teléfono móvil de gama alta.

3. Referentes del periodismo móvil

Hablar de periodismo móvil implica también señalar a esos otros que, lejos del paloselfi, han sabido dignificar esta disciplina, compartirla e incluso hacerla mejor. Algunos, descubriendo sus secretos; otros, ayudando a marcas de accesorios o aplicaciones a acondicionar mejor sus productos para poder adaptarse a las necesidades de los periodistas; otros tantos, viajan por todo el mundo transmitiendo sus conocimientos a comunidades de países subdesarrollados que han encontrado en el *mojo* una manera de explicarse con un coste asumible.

Pero independientemente de a qué se dediquen estos periodistas, todos giran en torno a la comunidad del Mojocon. El Mojocon (Mobile Journalism Congress) es el congreso anual de periodismo móvil fundado por Glen Mulcahy, responsable de Innovación de RTÉ (Radio Televisión pública irlandesa), que, desde 2015, congrega a todos los gurús de esta «disciplina» en Irlanda.

Mediante este apartado, me gustaría citar a algunos de los más respetados y de quienes, sin duda alguna, hay mucho que aprender. Pero para no quedarnos en la simple cita, invité a algunos de ellos a responder a cinco preguntas. Sus respuestas os descubrirán a qué se dedican, qué uso le dan y qué les motiva.

Las preguntas que les planteé eran las siguientes:

1) ¿Cómo o por qué empezaste con el *mojo*?
2) ¿Qué beneficios destacarías del periodismo móvil?
3) ¿Qué papel juega el periodismo móvil en tu día a día?
4) ¿Qué le recomendarías a cualquiera que quiera empezar a hacer periodismo móvil? ¿Con qué tres *gadgets* debería empezar?
5) ¿Android o iPhone? ¿Por qué?

Y, obviamente, es un honor decir que el primer invitado que quiso responder a estas preguntas fue el mismísimo Glen Mulcahy, fundador del Mojocon.

3.1. Glen Mulcahy

Glen Mulcahy es el responsable de Innovación de RTÉ y fundador del Mojocon.

¿Cómo o por qué empezaste con el mojo*?*

Empecé entrenando a periodistas a grabar su propio contenido con cámaras VJ en 2006. Más tarde, en 2011, estando fuera impartiendo un curso sobre VJ con otros *trainers* de CIRCOM, de pronto, picado por mi propia curiosidad, decidí grabar una historia con mi iPhone 4 y editarla en un iPad de primera generación. Inmediatamente usé una aplicación de FTP para mandar el resultado final a mi canal y mi sorpresa fue mayúscula cuando vi que había superado los controles de calidad de nuestra sala de ingesta. Cuando volví de aquel curso, me cité con el responsable de operaciones de la cadena y con el director de informativos y les expliqué lo ocurrido para saber si aprobarían que investigara el periodismo móvil. Ellos aceptaron e inmediatamente armé unos kits *mojo* para nuestros redactores y les empecé a entrenar en las dinámicas y aplicaciones necesarias para el periodismo móvil. Cuando se corrió la voz, otras empresas me pidieron que les enseñara lo que hacía y decidí crear una clase magistral de cinco días para CIRCOM Regional.

¿Qué beneficios destacarías del periodismo móvil?

Es muy económico en comparación con las necesidades técnicas en televisión, y es claramente más ágil en relación con lo que se puede llegar a crear con dispositivos y accesorios limitados. Pero, por encima de todo, hablamos de una herramienta que siempre va contigo y, bien usada, puede aportarte un acercamiento al sujeto donde difícilmente tendrían acceso los grandes equipos. Además, la totalidad de los ecosistemas de las aplicaciones para móviles están creados, en esencia, a partir de UI y UX, detalle que las hace generalmente muy intuitivas y fáciles para cualquier usuario que comience.

¿Qué papel juega el periodismo móvil en tu día a día?

Yo no soy periodista. Soy un innovador tecnológico con un *background* creativo y siento un enorme placer explorando el potencial del móvil. Como *trainer* internacional de *mojo*, hay pocas cosas más satisfactorias que ver cómo las habilidades compartidas con los periodistas pueden transformar el poder de sus historias y, en algunos casos, incluso su carrera profesional.

¿Qué le recomendarías a cualquiera que quiera empezar a hacer periodismo móvil? ¿Con qué tres gadgets *debería empezar?*

En esencia, debería contar con un teléfono de gama alta, un cargador de batería externa y el micrófono correcto, dependiendo del tipo de contenido que quiera compartir. Un trípode o un estabilizador (*gimbal*) también valen la pena.

¿Android o iPhone? ¿Por qué?

Para mí: iPhone. El ecosistema de iOS se deriva de la creatividad propia del ADN de Apple. El programa de supervisión de accesorios de Apple (MFI accessory programme) implica que haya accesorios extremadamente buenos para iOS, mientras que eso no es posible en Android debido a su fragmentación. Además, iOS sigue teniendo la selección más diversa de aplicaciones del mercado, a pesar de que esa brecha sea cada vez menor.

3.2. Nick Garnett

Nick Garnett es reportero de información nacional y deportes en la cadena BBC.

Aunque Nick dedica buena parte de su tiempo a BBC 5 Live (radio), actualmente su trabajo está enfocado primero a lo digital. Hace de reportero, cubre historias en vídeo, distribuye su contenido por internet y por la radio.

¿Cómo o por qué empezaste con el mojo*?*

Mi primera grabadora de casetes de 1986 pesaba lo mismo que mi hijo recién nacido. Hemos estado usando máquinas desde 1975. Hoy por hoy, nuestra profesión sigue cargando con las mismas máquinas que en 1996. Desde entonces, he tratado de cargar menos peso —equipos de grabación más ligeros— y, tras algunos amagos, finalmente dimos con la solución con la llegada del iPhone. Se trataba de un dispositivo capaz de grabar audio y mandarlo fácilmente a la emisora de radio. Por supuesto, hoy podemos ir mucho más allá, pero aquello lo cambió todo. Así que, ¿por qué empecé con el *mojo*? Vagancia, pura y dura. No tenía ningún sentido seguir agotándonos y limitando nuestro trabajo, solo porque alguien no se había molestado en crear un dispositivo acorde a los tiempos. Así que, cogimos un dispositivo que sí había sido creado, lo moldeamos según nuestras necesidades y el entorno facilitó que los creadores de las aplicaciones le vieran sentido a crear las aplicaciones que necesitábamos.

¿Qué beneficios destacarías del periodismo móvil?

Aquí van algunos ejemplos de mi vida en los últimos dos años.

Tras el terremoto de Nepal, fui capaz de llegar a un pueblo tan recóndito que ni siquiera los helicópteros pudieron alcanzar. Cuando llegué, el móvil funcionaba con 3G y pude hacer un Periscope mostrando la devastadora acción de aquel terremoto, las muertes que se llevó y los heridos que dejó. No se emitió nada de aquello en televisión hasta 18 horas después.

Durante el pasado otoño en Irak, pude filmar usando una pequeña cámara y un *gimbal* sin levantar sospechas, en un área controlada por el estado islámico. Pudimos visitar áreas que con una cámara tradicional nos hubieran convertido en un blanco fácil.

El pasado diciembre en Berlín, pude grabar y editar con mi móvil un reportaje sin la necesidad de un estudio de edición ni un MacBook y transferirlo sin tener acceso a una banda ancha. Puesto que era material ya tratado, lo pude mandar en cuestión de minutos. Y lo más importante, los clips que envié eran los que quería que fueran emitidos y no los que alguien de la redacción hubiera decidido, dando por buenos los primeros 30 segundos.

¿Qué papel juega el periodismo móvil en tu día a día?

El *mojo* no equivale a un teléfono. No se trata de una cámara concreta o de un *gadget*. Es una forma de pensar que tiene que ver con obtener una historia en tantos formatos como sea posible en poco tiempo y, si cabe, en directo. Tenemos suerte de contar con un terminal como el iPhone que llega tan lejos, pero también se puede hacer *mojo* con equipos mayores, más baratos o incluso con muy pocos accesorios. Los días de salir a grabar una pieza y volver a la redacción a editarla son ya cosa del pasado, las noticias no tienen lugar en las redacciones. Los reporteros solo sobreviviremos si salimos a la calle a buscarlas. Y si no lo hacemos, estaremos delegando esa tarea en otros que lo harán por nosotros.

El periodismo móvil es la esencia de lo que hago cada día. Siempre llevo el teléfono encima, lo que significa que tengo el material suficiente para generar una noticia para ser emitida en televisión y entrar en directo esté donde esté.

¿Qué le recomendarías a cualquiera que quiera empezar a hacer periodismo móvil? ¿Con qué tres gadgets *debería empezar?*

No os dejéis el móvil en casa. Mi recomendación: un iPhone 6S, alguna sujeción para colocarlo en el trípode —ninguna mejor que Shoulderpod—, un trípode barato de 30 € y un micrófono con conexión TRRS (*tip ring ring sleeve*).

¿Android o iPhone? ¿Por qué?

iPhone. Apple fabrica el teléfono y el sistema operativo funciona. Además, sus dispositivos duran más con el *software* actualizado que los Android. Por último, el App Store es claramente superior.

3.3. Björn Staschen

Björn Staschen es periodista. Reportero de NDR/ARD (TV Alemania). Recientemente ha trabajado como corresponsal en Londres cubriendo el Brexit, la elección de Trump y la visita de Obama a Estonia. Encabeza el proyecto de NDR «Next News Lab» que explora nuevas tecnologías en el reporterismo móvil.

¿Cómo o por qué empezaste con el mojo*?*

Cada año, a principios de mayo, se producen protestas y pequeños disturbios en Hamburgo liderados por grupos de extrema izquierda. Normalmente no cruzan los límites para aparecer en los informativos nacionales, pero en una ocasión lo hicieron. Nosotros monitorizamos estos eventos, pero no los cubrimos con equipos completos de cámara para evitar costes extras de producción; eso significa que estamos en el lugar de los hechos sin poder producir contenido para televisión. En 2013, por primera vez empecé a grabar piezas con mi iPhone para la sección en línea de NDR. Ese fue mi «momento *#mojo*»: de repente vi que podía ser productivo sin un equipo convencional durante un evento relevante para nuestra información.

¿Qué beneficios destacarías del periodismo móvil?

Entiendo los beneficios desde una perspectiva periodística: puedes acercarte más a una historia, pasar más tiempo ahí, producir el contenido al momento y mezclarte entre la multitud mientras estás haciendo reporterismo. Esto facilita también «el periodismo lento» (en inglés, *slow journalism*) —seguir a gente y eventos con más tiempo y así comprender mejor aquella realidad, en lugar de explicar lo primero que obtengamos. Además, el móvil es menos intrusivo que un equipo de rodaje y, por tanto, la gente se siente menos intimidada, ya que están más cómodos con un móvil como el que usan en su día a día para tomarse selfis o conversar mediante Skype. Y por supuesto, el teléfono es perfecto para situaciones con noticias de última hora.

¿Qué papel juega el periodismo móvil en tu día a día?

Confío en que el papel del *mojo* esté creciendo; me encanta. Puedo producir de forma más independiente, más rápido y siendo más flexible, especialmente en periodismo informativo. Por otro lado, espero que la colaboración con los equipos profesionales de cámaras no se vea afectada; ellos son también necesarios, puesto que el móvil tiene limitaciones —sin ir más lejos, con los grandes angulares o con situaciones con poca luz. Espero que todo el mundo acoja el teléfono con esas nuevas capacidades para producir, que enriquecen nuestro contenido final, especialmente para el *online* y las redes sociales.

¿Qué le recomendarías a cualquiera que quiera empezar a hacer periodismo móvil? ¿Con qué tres gadgets *debería empezar?*

Mi recomendación: no os compliquéis la vida. No dejéis escapar las ventajas del *mojo* llevando demasiados accesorios y enloqueciendo con excesivos cables, trípodes, etc. Usad las ventajas de vuestro terminal para conseguir nuevos resultados y ángulos poco habituales. Mis tres *mojo gadgets* son: un micro de corbata (RØDE smartLav+), un pequeño trípode flexible como el Gorillapod con una buena sujeción para el móvil como el Shoulderpod S1 y un cargador de baterías, porque el *mojo* las vacía.

¿Android o iPhone? ¿Por qué?

Android y iPhone, puesto que los dos tienen ventajas. El iPhone es el teléfono *mojo* por excelencia, con *gadgets* desarrollados durante años. Pero los Android se están poniendo las pilas. Es un sistema más abierto y ofrece mayor variedad de aplicaciones y de teléfonos. Además, es más barato, lo que es especialmente interesante con vistas a países en desarrollo, pudiendo marcar diferencias y democratizar la información entre minorías que no tienen espacio en los medios tradicionales. El iPhone es demasiado caro para muchos periodistas; los Android son la tendencia que se ha de seguir.

3.4. Mark Eagan

Marc Eagan es periodista. Videoperiodista de la BBC.

¿Cómo o por qué empezaste con el mojo*?*

Mis principios en el periodismo móvil fueron una grata sorpresa. Como videoperiodista de la BBC, estaba acostumbrado a grabar y editar mi propio material usando pequeñas cámaras. Trabajaba de esta manera en programas informativos, documentales y, ocasionalmente, para rodajes que requerían una gran discreción. Para aquellas ocasiones, empecé a experimentar con *smartphones*, puesto que si todo el mundo andaba con móviles parecía más fácil pasar desapercibido. La agradable sorpresa llegó cuando repasé el material grabado. Esperaba toparme con una calidad pobre e imágenes con mucho grano. A pesar de ello, incluso en aquella época, los móviles capturaban imágenes de buena calidad. Fue entonces cuando me di cuenta de que los teléfonos, aplicaciones y accesorios aún mejorarían más, convirtiendo los *smartphones* en una gran herramienta para el periodismo.

¿Qué beneficios destacarías del periodismo móvil?

El *mojo* aporta multitud de beneficios, pero aquí van algunos:

- **Los costes.** Vamos a asumir que este es también un factor. La demanda de vídeo nunca había sido tan alta, pero los presupuestos son justos. Todo el mundo tiene un móvil, así que esta es una buena solución. Puedes equipar a un periodista móvil con un micrófono, un trípode y un foco por menos de lo que cuesta una batería de una cámara profesional como las que usaba.

- **El consumo de contenidos en dispositivos móviles está creciendo mucho.** Se usan en diversas plataformas sociales y es más sencillo crear contenido desde las mismas plataformas que consumen los usuarios. Por ejemplo, si pretendes acceder a una audiencia joven mediante Snapchat, la única manera es utilizando un *smartphone* y la aplicación de Snapchat.

- **El móvil es un dispositivo conectado.** Eso significa que podemos alimentar contenidos rápidamente o hacer un directo con un simple botón. No hay necesidad de muchos cables o accesorios pesados y esto permite una mayor movilidad del periodista en busca de la historia.

- **Los *smartphones* se benefician de la diversidad de aplicaciones existentes.** Esto implica que los periodistas pueden crear todo tipo de contenido, desde vídeos a fotos, textos... facilitando flujos productivos.

- **El móvil no es intrusivo.** Gracias a ello, se puede grabar en sitios donde las grandes cámaras no están permitidas. Además, los entrevistados habitualmente ofrecen respuestas más naturales al no sentirse intimidados por grandes equipos de rodaje.

- **La curva de aprendizaje es menor.** Si tuviera que enseñarle a alguien a grabar en vídeo con una cámara profesional, debería hablarle de ganancias, ISO, velocidad de disparo y muchas otras cosas. Con un teléfono, ajustamos el foco y la exposición con un simple clic. Es tan intuitivo que incluso los novatos se adaptan muy rápidamente.

¿Qué papel juega el periodismo móvil en tu día a día?

Divido mi tiempo entre el periodismo móvil y el *training* a otros. Los entrenamientos me llevan alrededor del mundo, desde la European Broadcasting Union (EBU) en Ginebra, hasta el Asia Media Summit (AMS) en Malasia. Esta es una tendencia creciente y la demanda de aprendizaje es enorme. Y no se trata únicamente de periodistas de televisión o de papel; organizaciones caritativas, empresas y las ONG lo están usando. En extrañas ocasiones, debo volver a las grandes cámaras y las siento pesadas y poco flexibles.

¿Qué le recomendarías a cualquiera que quiera empezar a hacer periodismo móvil? ¿Con qué tres gadgets *debería empezar?*

Cualquiera que empiece debe sortear tres problemas: estabilidad, sonido y luz. Yo compraría el trípode más barato del mercado que sea capaz de estirarse hasta la altura de los ojos del entrevistado. También deberíamos comprar una sujeción barata para colocar el móvil en el trípode, aunque también las hay mejores y más caras como Shoulderpod o iOgrapher de Padcaster. Hay micrófonos muy baratos de compañías como BOYA o RØDE. Compra lo que creas que necesitarás. Un pequeño foco led será otra buena inversión si tienes que grabar en condiciones de poca luz. Una vez tengas el kit, graba vídeos, haz fotos y graba audio para acostumbrarte. Lo único necesario es práctica y experiencia.

¿Android o iPhone? ¿Por qué?

Si te puedes permitir un iPhone yo lo escogería por encima de un Android. Existen tantos móviles Android con distintos chips, versiones de sistemas operativos y tamaños de pantalla... Esta fragmentación significa que algunas aplicaciones pueden funcionar en unos móviles y en otros, no. Los iPhone tienen un sistema operativo y pocos modelos, detalle que facilita el trabajo de los desarrolladores para crear aplicaciones estables y de alta calidad. Aun así, se puede hacer periodismo móvil de altísima calidad con ambos: iPhone y Android.

3.5. Paul Gailey

Paul Gailey es cofundador de Everywoah, agencia de desarrollo especializada en realidad virtual en móvil, *software* que conecta aplicaciones y *mojo*.[2]

¿Cómo o por qué empezaste con el mojo*?*

Durante la última Copa del Mundo de la FIFA, estaba trabajando con la selección española de fútbol, con una acreditada agencia de material de *glass*. Nos adentramos en su día a día para documentar su participación con las Google Glass. Mi compañero me tenía que mandar los brutos de las *glass* continuamente a Europa, para editarlos y distribuirlos por las redes sociales. En lugar de esperar hasta el día siguiente, y teniendo en cuenta que recibía el material durante los partidos que se jugaban cada tarde, opté por editar aquellos vídeos con un flamante LG Nexus 5 con KineMaster mientras estaba en el sofá. Los vídeos se generaron perfectamente y desde entonces ya nunca volví a mirar atrás. Es impresionante lo que se puede conseguir con un móvil.

2 Respuestas a las preguntas en vídeo 360° en: www.woah.es/pipo.

¿Qué beneficios destacarías del periodismo móvil?

La inmediatez, la portabilidad y la conectividad. Desde una perspectiva de desarrollador, el maravilloso goteo de opciones disponibles en integración con ecosistemas interconectados.

¿Qué papel juega el periodismo móvil en tu día a día?

Estoy especializado en *mojo360*, adaptando los flujos de trabajo con *hardware* conectado. Pienso de forma similar al *mojo*, donde aquellas actitudes de «no se puede editar un vídeo en móvil» han evolucionado, así como lo harán los vídeos 360° en móviles. No estoy sugiriendo que la posproducción integral de edición de contenidos 360° pueda ser sustituida por el *mojo360* —todavía no—, pero evolucionará considerablemente.

¿Qué le recomendarías a cualquiera que quiera empezar a hacer periodismo móvil? ¿Con qué tres gadgets *debería empezar?*

Entrar en contacto con los grupos, la entusiasta comunidad por los distintos canales y aprender las claves del arte de contar historias de los mejores en esto y de los mejores en la vieja manera de grabar. Coged un cargador rápido, una pequeña bolsa, un trípode, un micro de corbata y un lápiz USB con memoria extra. Un cable OTG (*On The Go*) o una bolsa de *dongles* es también algo imprescindible.

¿Android o iPhone? ¿Por qué?

Cualquiera con el que te sientas realmente cómodo y hayas escogido como tu propio ecosistema. Creo que las diferencias entre unos y otros están desapareciendo y cambiar es ahora más fácil que nunca. Hay aplicaciones que brillan en ambas plataformas. Como desarrollador, Android permite mucha más flexibilidad y es una buena opción si hablamos de costes.

3.6. Corinne Podger

Corinne Podeger es profesora de Periodismo móvil, vídeo y multimedia en Macleay College, Australia.

¿Cómo o por qué empezaste con el mojo*?*

Empecé a usar el móvil como complemento a mi trabajo periodístico cuando trabajaba en radio en la Australian Broadcasting Corporation en 2011. Inicialmente, solo lo usaba para encontrar noticias, hacer llamadas y monitorizar últimas horas por Twitter. En 2011, empecé a usar la aplicación audioBoom para invitar a la audiencia a contribuir con clips de audio. En 2012, empecé a recoger contenido visual y a compartir información en las redes sociales de ABC. En 2013, me dediqué al desarrollo de medios, como profesora de periodismo en la Thomson Reuters Foundation, y muy pronto fui consciente de que los móviles ofrecían una alternativa en auge a las caras cámaras profesionales para grabar, editar y en especial para los contenidos en línea. En 2015, me uní a la BBC Media Action, donde usan los móviles para distribuir contenido a públicos bien segmentados y ayudar a aquellas comunidades con retos a nivel sanitario o en vías de desarrollo. Por último, este año he empezado a enseñar *mojo* tratando de animar a mis estudiantes para que tomen su móvil como una herramienta holística que pueda ayudarles en una gran variedad de actividades periodísticas: desde la búsqueda y verificación de contenido, a la grabación de material audiovisual o a la edición, así como a la distribución y fidelización.

¿Qué beneficios destacarías del periodismo móvil?

La presencia de los *smartphones* no es universal, pero está ampliamente diversificada. Y las cámaras *onboard* y los micrófonos producen contenidos audiovisuales muy baratos en móviles. Con pocos accesorios y sin gastar demasiado dinero, como un micrófono externo y un trípode, se puede producir contenido que es perfecto para las webs y redes sociales. Además, los móviles de gama alta pueden generar vídeos con una calidad muy aceptable para televisión.

¿Qué papel juega el periodismo móvil en tu día a día?

Actualmente trabajo como profesora de Periodismo móvil, vídeo y multimedia, en un centro privado en Melbourne, Australia. Enseño a gente joven, entusiastas con el sector periodístico, a usar un móvil como herramienta total y esencial en los lugares de trabajo.

¿Qué le recomendarías a cualquiera que quiera empezar a hacer periodismo móvil? ¿Con qué tres gadgets *debería empezar?*

Mi principal recomendación para aquellos que no están familiarizados con el trabajo periodístico con móviles es simplemente que se pongan a ello. Empezando a probarlo se aprende rápidamente y se encuentran nuevas fórmulas de contar historias que conectan con la audiencia. Esto implica pensar en las fotos, audios o vídeos, ya que pueden narrar la noticia de forma más transversal. Quiero remarcar que no creo que sea bueno que únicamente pensemos en los móviles para contar historias periodísticas. A menudo, las cámaras profesionales o los equipos de audio son ineludibles, pero usar únicamente el móvil para hacer llamadas es una pérdida de tiempo. También animaría a los periodistas a pensar, desde el momento de concepción de la historia, en cómo la compartiremos o cómo segmentaremos el material para mover a nuestra audiencia a la web o a la televisión. Esto ayudará a recoger más o menos contenido en el momento de hacer entrevistas.

¿Android o iPhone? ¿Por qué?

Personalmente prefiero los iPhone. En parte porque fue mi primer móvil y me siento más cómoda con él, pero también porque es muy fácil editar vídeos o fotos con una sola aplicación. Y una vez hecho, podemos abrir el contenido editado con otra aplicación para desarrollar el material. Sea como fuere, he visto algunos trabajos increíblemente maravillosos hechos por periodistas con móviles Android, así que probablemente la elección tenga más que ver con las preferencias personales y los costes.

Sin duda, las respuestas de Glen, Nick, Björn, Mark, Paul o Corinne son enriquecedoras y transmiten la pasión con la que han integrado el periodismo móvil en sus vidas; pero no son los únicos. Si estáis interesados en descubrir otros referentes a nivel mundial, no dejéis de buscar y seguir en las redes sociales a Yusuf Omar, Mark Blank-Settle, Geoffrey Roth, Bernhard Lill y tantos otros que cada día evolucionan y mejoran el periodismo móvil, llevándolo a límites insospechados.

Pero ellos no son los únicos, españoles como los compañeros Óscar Oncina y Javier Cabrera (YOS CONTENIDOS), o Leonor Suárez, de la Radiotelevisión del Principado de Asturias, hacen a diario excelentes análisis de nuevos productos o impecables contenidos de periodismo móvil.

4. Ellos siempre están en contra

Sí, lo sé. Este punto suena terriblemente negativo pero forma parte de esos otros momentos que también son parte del *mojo*. Como habréis leído entre las explicaciones de Glen Mulcahy, de Mark Eagan o de Nick Garnett, todos venimos de alguna manera de esos equipos de rodaje dotados con grandes cámaras. Esos mismos que Nick decía que no han sabido evolucionar en veinte años. Pues bien, os voy a pedir un ejercicio de imaginación, puesto que lo que os contaré es tal como suena.

En las cadenas de televisión, como en las emisoras de radio, hay un responsable de sistemas que supervisa toda la cuestión técnica. En general se trata de ingenieros, informáticos, etc. Pues bien, imaginad por un momento el día que les dices que vas a integrar el periodismo móvil en la redacción. En nuestro caso, lo hice con la excusa de la campaña electoral de las elecciones españolas del 20 de diciembre y, posteriormente, en las del 26 de junio. Como suele ocurrir, lo primero que te contestan es: «Pero... ¿hablamos de la tele o de la web?» Lo primero que debéis responder es: «de la web, sin duda». Así lo hice yo en las elecciones del 20-D. La web no les suele asustar. De hecho diría que, teniendo en cuenta que ellos han de garantizar por encima de todo lo que se vea en televisión, la web a esos niveles les importa poco. Bajo mi punto de vista, esa especie de desprecio a la web es un absoluto error, pero si no me creéis hablamos en dos o tres años y me decís cómo lo veis.

Normalizado y asumido el momento de la web, le llega el turno a la televisión. En nuestro caso, aquello llegó de forma integral en la campaña electoral de las elecciones españolas del 26 de junio de 2016. La cara de incredulidad y estupefacción de mis compañeros de Sistemas, se mezclaba con sus intentos de disuadirme en mi planteamiento. Como de costumbre, siempre hay compañeros de Sistemas que entienden perfectamente lo que quieres hacer, pero el que habita en la parte superior de la pirámide, todavía hoy debe sentir una cierta confusión.

La primera reacción del más incrédulo de todos fue responderme que aquello que le estaba contando no era *broadcast* o, dicho más llanamente, que no podía alcanzar los mínimos que exige la televisión. A lo que obviamente le pregunté si lo que hacía la BBC, NDR/ARD, RTÉ, Hindustan Times o tantos otros, tampoco era *broadcast*. La respuesta: el silencio. Luego llegan las discusiones de la diferencia de lentes, del tipo de ópticas, del papel del cámara y de tantas otras disquisiciones.

Tras unas semanas de ciertas tensiones, donde eres consciente de que estás siendo observado con lupa tratando de dar con el más mínimo error, todo empezó a relajarse, y, tras ver que no tenían delante a un tipo dispuesto a destrozarlo todo, empezó a llegar una cierta colaboración. Los primeros tiempos no fueron fáciles, pero intuyo que finalmente se entendió la intención y se valoró positivamente el resultado. Alguno me dirá que peco de inocente, que me equivoco en el análisis y que lo único que ocurrió de verdad fue que no vieron peligrar su «chiringuito». Sea cual sea el motivo real, lo cierto es que aquellos compañeros de Sistemas que mostraron desde el inicio su oposición, posteriormente ayudaron a probar todo lo que había que probar y siempre han estado ahí para echar una mano. Y aquellos que no lo veían claro, no se han interpuesto, en exceso a los avances que traen los nuevos tiempos.

5. El periodismo móvil, ¿una amenaza para los cámaras?

¿Es acaso el periodismo móvil una amenaza para el trabajo de los cámaras? ¿Puede un iPhone o el Android mejor dotado compararse con una cámara profesional? Bajo mi punto de vista, la respuesta en todos los casos es NO. Y este es uno de los primeros mitos que coexiste con aquellos que temen que sea así.

A mi entender, el simple hecho de plantearse esta pregunta indica que no se ha entendido lo que significa y puede aportar el periodismo móvil. Tal y como yo lo interpreto, el *mojo* no ha llegado para desterrar a los cámaras; o mejor dicho, el uso de los *smartphones* para generar contenido periodístico, no debe suponer una amenaza para los buenos cámaras. Ahora bien, si hablamos de aquellos compañeros que, sin darse cuenta, se convirtieron en tipos que únicamente plantaban el trípode y que hacían de chóferes o mayordomos de los periodistas, la respuesta es SÍ. El periodismo móvil tiene bastantes posibilidades de llevárselos por delante.

En realidad, los verdaderos cámaras deberían estar agradecidos al periodismo móvil, puesto que esta práctica les resitúa, devolviéndoles el sentido de su trabajo. Gracias al *mojo,* ellos tienen que volver a demostrar, como los cámaras de antaño, que aquellas imágenes solo las puede obtener alguien con unas habilidades técnicas y estéticas propias de una persona preparada para ello. Y los periodistas, por su parte, valorarán de forma más notable que quien les acompaña sea un profesional de los pies a la cabeza y que aquello que consiga le hará único e imprescindible.

Los móviles tienen algunas limitaciones evidentes que ya hemos repasado. Por eso, el editor digital de una redacción, el productor o quien se encargue de asignar los recursos para cubrir una historia debería ser muy consciente de todas esas limitaciones en el momento de tomar determinadas decisiones. Además, cuando se gestionan esos recursos, hay que tener presente la urgencia de recepción del material, la facilidad o dificultad para grabar, el movimiento que habrá que soportar, las condiciones lumínicas y el ruido del espacio donde rodaremos.

Cuando incorporamos el periodismo móvil en la redacción, el departamento de sistemas no parecía estar demasiado contento conmigo y, por lo que algunos redactores me susurraron, los cámaras tampoco me miraban con especial cariño. Hoy, casi dos años después, nuestro equipo cuenta con los mismos cámaras que entonces, pero la diferencia es que ahora ya no hay excusa para dejar de cubrir un evento, y ellos también han mostrado su interés por aprender y compartir con el equipo y los redactores algunas emisiones o grabaciones mediante tecnología móvil.

Tanto los cámaras como los productores han visto en los móviles la oportunidad de realizar ciertas coberturas sin poner en riesgo sus equipos, además de celebrar las ventajas económicas de esta tecnología en contraposición con los viejos métodos y sus prohibitivos precios.

6. El móvil, la amenaza de los periodistas del siglo XXI

A quienes sí debiera preocupar la llegada de los móviles y la consolidación de las redes sociales como elementos de información, es a los periodistas. Y por alguna extraña razón, los periodistas a menudo somos como los productores musicales o cinematográficos; nos resistimos a pensar que si las cosas han cambiado, nosotros también deberíamos evolucionar. La salida fácil es decir y creer que a nosotros también se nos debe proteger, pero la realidad es que cuanto más tardemos en hacer ese cambio de mentalidad, más tarde aterrizaremos en un mundo real y más gente nos habrá pasado por delante.

Es asombroso ver cómo algunos creen que pueden seguir cubriendo un acto, ponencia o rueda de prensa al mediodía para contarlo en televisión en el informativo de la noche, creyendo que aquellos que están al otro lado de la pantalla se conformarán con oír lo mismo que han leído en Twitter un minuto después de que terminara aquel acto. Nuestro oficio tiene que ir más allá, y si no somos capaces de aportar ese plus que nos hace únicos y que ninguna máquina, *software* o algoritmo puede reproducir, nuestro valor como periodistas, tarde o temprano, desaparecerá.

Por eso creo que la revolución que internet ha provocado, ha ayudado a que muchos pusieran en crisis sus prácticas o negocios. Y si no me creéis, puede que sea porque aún no habéis entendido que necesitáis reinventaros para ser valiosos para el mercado. Algunas grandes distribuidoras y productoras cinematográficas no lo entendieron a tiempo y llegó una pequeña empresa llamada Netflix que revolucionó el sector. Lo mismo le ocurrió al mundo de la música hasta que llegaron otras, como Spotify, y les demostraron que su poder tenía los días contados. Y con el periodismo y con los cámaras ocurre lo mismo. Si no nos apresuramos en recuperar nuestra esencia, nadie nos necesitará ni nos echará de menos. Debemos volver a ejercer de periodistas de verdad y debemos volver a mirar por el objetivo, como lo hacían aquellos cámaras que nos mostraban realidades desde ángulos imposibles o con matices extraordinarios.

7. Introduciendo el periodismo móvil en *8 al dia*

Aunque de un modo algo inocente, el periodismo móvil empezó a entrar en la redacción en septiembre de 2015, lo hizo inicialmente con algunos montajes de fotografías, con breves vídeos sobre lo que estábamos cubriendo o con emisiones por el Periscope ya en la campaña de las elecciones catalanas del 27 de septiembre. Pasadas las elecciones, fuimos mejorando algunas prácticas, dándole un mayor uso al contenido que obteníamos mediante los móviles hasta que, en las elecciones españolas del 26 de junio, y gracias a los aprendizajes del Mojocon de 2016, todo adquirió sentido y lo aplicamos de forma mucho más ambiciosa y satisfactoria.

En nuestro caso, como en el de muchos, la tecnología móvil ha ido entrando en la redacción de una forma prácticamente natural. Todos usamos el teléfono para comunicarnos, para entretenernos y para informarnos; del mismo modo, los periodistas adaptados a las nuevas tecnologías no conciben una cobertura informativa sin compartir todo aquello que viven al momento, mediante sus cuentas personales de Twitter —por poner un ejemplo.

Siendo conscientes de ello, era obvio que aquella práctica habitual podía extenderse a un uso que fuera más allá de las publicaciones personales. De ahí a darle una utilidad más completa e informativamente ambiciosa no distaba demasiado. Y para ello, solamente era necesario guiar a los periodistas acercándoles unas herramientas que podían exprimir de forma más eficiente y aportando una mayor riqueza informativa.

Con el objetivo puesto en las elecciones del 26-J, decidí reunirme con los ocho redactores que cubrirían la campaña electoral y les expliqué lo que íbamos a hacer. Tras un intercambio de impresiones y algunas caras largas, que lo único que en aquel momento computaban era que les tocaría ir más cargados durante quince días, empezamos a avanzar en el *mojo*. Lo primero fue enseñarles los *gadgets* que componían el kit móvil que les había montado haciendo mucho hincapié en el poco peso del trípode (1,4 kg) y la facilidad de manejarlo todo. Una vez superada esta fase, entramos en la de los móviles, las aplicaciones necesarias y algunas advertencias que me parecían imprescindibles para cualquiera que empezara en el periodismo móvil, y de las que os hablaré en las próximas páginas. Una vez explicados los mínimos, cada uno se llevó su kit y, a partir de ahí, las dudas las resolvimos en plena acción.

Debo decir que, todo lo que les pedimos en aquella ocasión fue grabaciones explicativas de lo que ocurría en cada jornada de su campaña electoral, o como diríamos en la profesión: «falsos directos», donde nos narraban sus aventuras y aquellos acontecimientos que, a menudo, pasan desapercibidos en cualquier campaña. Además de esos vídeos explicativos en las distintas campañas vividas, desarrollamos una apuesta por lo digital compleja y completa, mediante la cual pudimos explicar qué pensaba la gente de los políticos y sus promesas, y cómo vivíamos nosotros esos intensos días de propaganda electoral con vídeos, resúmenes diarios, seguimientos de todos los redactores mediante un mapa vivo y muchas más visualizaciones y experiencias.[3]

En realidad, debo confesar que todas las campañas electorales que hemos vivido en el programa, nos han servido de revulsivo para aplicar grandes cambios entre la redacción y extenderlos posteriormente a los demás compañeros.

Desde aquel momento, el *mojo* pasó a formar parte de nuestras vidas y, en especial, de nuestras rutinas desde el primer día de la temporada 2016-2017. Una temporada que

3 Por si os interesa conocer mejor la estrategia diseñada para las elecciones catalanas del 27-S o para la campaña electoral del 20-D y en especial la del 26-J, os invito a leer el libro *La cobertura digital de una campaña electoral* de esta misma editorial, donde explico, con todo lujo de detalles, todo lo que hicimos en aquellos días y los tipos de elementos visuales que usamos.

arrancó de una forma tremendamente especial para mí, ya que, como de costumbre, Josep Cuní quiso dedicar unas palabras a la redacción. Su exposición delante de las más de cincuenta personas del equipo al completo fue clara, emotiva y alentadora; y su discurso, tremendamente rompedor. Alguien de su categoría y experiencia profesional, demostró ser mucho más moderno que muchos de los que le escuchaban con atención y, dicho sea de paso, con treinta años menos. Su mensaje fue claro: debíamos dejar de hacer periodismo, primero para la televisión y después para nuestros canales digitales. A partir de ahora se haría primero para la web y, horas más tarde, ya llegaríamos a la tele. Además, añadió que el uso de los móviles y los kits móviles debía estar presente a diario. Y acabó con un mensaje dirigido a los cámaras del equipo, a quienes les recordó que si el periodismo móvil pusiera en riesgo su trabajo, algunos de sus compañeros se hubieran ido a la calle y eso, afortunadamente, no había pasado. Con el periodismo móvil éramos más fuertes; les teníamos a ellos y también una mayor independencia y autonomía para salir a hacer nuestro trabajo, aunque no tuviéramos cámaras libres o el escenario así lo requiriera.

Gracias a ello, compañeros como Iu Andrés, responsable de la sección de Internacional de *8 al dia*, pudieron realizar coberturas informativas impensables hasta hacía muy poco tiempo. Por eso, y porque creo que es importante y necesario que sepáis cómo se vivieron estos cambios desde la redacción, le pedí a él mismo que nos resumiera su experiencia. Una experiencia a la que, además de sus aventuras por el mundo, hay que sumarle su trabajo en las distintas campañas electorales vividas desde el programa.

7.1. Iu Andrés

Iu Andrés es responsable de la sección de Internacional de *8 al dia.*

Noviembre de 2015. Cinco días después de los atentados yihadistas de París, y con la ciudad todavía en vilo, vuelven a dispararse las alarmas: la policía ha entrado de madrugada en un piso de Saint Denis. Ha habido una explosión y, de nuevo, reina el caos. Los cientos de periodistas que esos días invadimos la capital francesa nos trasladamos a esa ciudad más al norte. Los vecinos empiezan a salir de casa aún asustados y se encuentran con furgonetas y cables ocupando las calles del centro y decenas de trípodes en línea con el cordón policial.

En ese momento yo casi no había oído hablar de periodismo móvil. Recuerdo que Pipo Serrano, editor digital del programa de televisión que me envió a París para cubrir los atentados, me llamó y me preguntó si sabía lo que era Periscope. Le dije que no tenía ni idea. Él intentó explicármelo y a los dos nos pareció una buena idea, pero antes debía descargar la aplicación en mi teléfono y vincularla a la cuenta de Twitter del programa. Hoy parece fácil, pero entonces supuso demasiado ajetreo en medio del caos —buscaba testigos de lo que había ocurrido y estaba pendiente de las informaciones de última hora para el informativo de la noche—, así que desistimos. De haber sabido utilizarlo, habría podido anunciar en vivo que la operación policial se daba por terminada al mediodía o mostrar en directo cómo los vecinos de Saint Denis vendían vídeos por 300 euros a los medios de comunicación extranjeros. Lo expliqué todo unas horas más tarde.

> Noviembre de 2016. Salta la sorpresa: Donald J. Trump acaba de ganar las elecciones y en Manhattan, delante del hotel Hilton, y a solo dos calles de la dorada Trump Tower desde donde el magnate sigue la noche electoral, una multitud estalla en júbilo. Hay latinos, mujeres, judíos, musulmanes, un batiburrillo sospechosamente variado. Aduladores del polémico candidato e incluso algunos imitadores. Una escena inquietante. La noticia del año.

En ese momento, un año después de lo de París, ya sabía lo que era y cómo funcionaba Periscope. También Facebook Live, Quick, TVU, WeTransfer o el FTP, por citar solo algunos ejemplos. Ataviado con un Samsung S6, trípode, foco de luz led, mango estabilizador y dos micrófonos, uno de mano y otro de corbata, paseé toda la noche por Manhattan. Era madrugada, los americanos se iban a la cama en *shock* y los europeos que empezaban a levantarse, no daban crédito. Pude mostrar en directo las primeras reacciones al terremoto Trump: los gritos y las celebraciones de los republicanos que llenaban la sexta avenida con enormes todoterreno haciendo sonar el claxon, y las lágrimas de los demócratas que paseaban impotentes y pedían perdón por la imagen que estaba ofreciendo su país al mundo. Incluso emití las primeras trifulcas entre unos y otros. Cuando la noche neoyorquina se calmó, aún tuve tiempo de hablar con dos latinas que salían eufóricas del Hilton. Las entrevisté con el teléfono y luego me grabé en Times Square para contar la anécdota. El vídeo, que aún hoy se puede consultar, fue visto miles de veces en las horas posteriores y tuvo decenas de comentarios: *Mujeres latinas for Trump* (figura 19).

Figura 19.

Enlace: https://goo.gl/Txe2T1

Los dos momentos resumen, con detalle, mi relación con el *mobile journalism*. En pocos meses, pasé de ser un completo analfabeto a utilizar el móvil como principal herramienta para cubrir una noticia. Además de París y Nueva York, el llamado Kit Móvil —que con todos sus accesorios cabe de sobra en una mochila de mano— me ha acompañado también en la cobertura parcial de unas elecciones generales, en el rodaje de un documental en Irak y en los atentados terroristas de Niza y de Berlín.

La adopción de esta nueva tecnología en pocos meses y mi adaptación forzosa no solo se explica por la persistencia y la ayuda de Pipo Serrano, sino también por la presión de una realidad que se impone sin paliativos.

En mi opinión, y basándome solo en mi experiencia reciente, las ventajas de conjugar periodismo y tecnología móvil son muchas e indudables. En primer lugar, el mismo trabajo se puede hacer mucho más rápido y más fácil. Internet y los dispositivos móviles ofrecen, además, la opción de publicar o emitir en múltiples formatos aumentando exponencialmente la visibilidad del trabajo del periodista. Lo que antes se limitaba a una sola crónica por noche, ahora se multiplica y son varios tuits a lo largo del día, pequeñas crónicas emitidas en redes sociales, montajes con fotos y conexiones en directo con *feedback* instantáneo de los espectadores que pueden hacer preguntas al reportero.

Si el periodismo es, como creo, contar historias, el *mobile journalism* es una herramienta extraordinaria para hacerlo: foto, vídeo y texto en la palma de la mano. Y todo, al instante. Parece imbatible.

Pero también hay riesgos que conviene no pasar por alto. Como ocurre en otros ámbitos y profesiones, las nuevas tecnologías son un arma de doble filo y se pueden volver fácilmente en contra de su usuario. A mi entender, hay dos grandes riesgos: la precarización del trabajo del periodista y el menosprecio por la calidad; y los dos están estrechamente ligados. Todo lo que hace de los dispositivos móviles una herramienta fascinante, puede convertirse también en una trampa: que sea fácil y rápido puede suponer una exigencia extra de inmediatez para el reportero; que el resultado se pueda publicar en múltiples formatos, puede suponer también redoblar el volumen de trabajo del periodista.

Otra de las ventajas evidentes del periodismo móvil es la reducción de costes. Lo que hasta ahora hacían dos, tres o cuatro personas, lo puede hacer el periodista solo; y este es quizá el punto más polémico del aterrizaje del *mojo* en las redacciones de televisión. Los cámaras lo perciben, de momento, como una amenaza a su puesto de trabajo y un menosprecio a sus conocimientos. Una preocupación comprensible que quedará superada si la fascinación por la velocidad y por la cantidad no nos aparta de la calidad. Si la tentación de ahorrar costes no conlleva una precarización del trabajo periodístico.

En la cobertura de un gran acontecimiento, el tándem entre un cámara y un redactor es una suma de esfuerzos que sobrepasa las tareas concretas de uno y otro. Se toman decisiones conjuntamente, se comparten ideas y hay un apoyo recíproco en momentos complicados.

Y así debe seguir siendo, creo, aunque se incorpore la tecnología móvil y sus infinitas posibilidades. En diciembre, tras el atentado de Berlín, volví a utilizar Facebook Live. Pero la grabación fue a cargo de Óscar, el operador de cámara, y el resultado fue infinitamente mejor que los que había grabado yo mismo meses atrás en Estados Unidos.

Sean cuales sean las ventajas y los riesgos, hay algo que es evidente y que exige una reflexión: en Noviembre de 2015 no vi ni un solo periodista utilizando *mobile journalism* en París, mientras que en noviembre de 2016, aproximadamente la mitad de los medios de comunicación que había en Manhattan trabajaban con un teléfono, un trípode y accesorios varios. No es que sea el futuro, es que ya está aquí.

8. El kit básico para el periodista móvil

Lo primero que debo aclarar es que no existe el kit perfecto. Un buen kit móvil dependerá de las necesidades de cada periodista y del uso que pretenda darle. Aun así, trataré de detallar cuál fue mi elección para la cobertura de la campaña electoral del 26 de junio y qué otros *gadgets* hemos incorporado tras detectar nuestras necesidades en el día a día.

8.1. *Gadgets*

A continuación os detallo los accesorios que nos acompañaron en la aventura electoral y cómo y con qué otros fuimos modificando nuestra selección:

- **Teléfono móvil** con un buen contrato de datos —a día de hoy, mínimo 6 GB. A pesar de que no lo he especificado en el título, es obvio que la calidad del teléfono y de sus componentes también puede jugar un papel fundamental en la calidad del contenido que obtengamos. A pesar de ello, en el periodismo, los grandes recursos no son siempre sinónimo de grandes resultados; ni los programas con pocos recursos, de malos resultados. Aquí lo que cuenta es la creatividad, el contenido y nuestra capacidad de contar historias. Pero obviamente, si nuestro terminal está dotado de un buen estabilizador, una buena óptica con buena luminosidad y un buen procesador, todo será más sencillo.

- **Shoulderpod S2** (https://goo.gl/AYLmbs). Sujetar un móvil es aparentemente sencillo e incluso me atrevería a decir que intuitivo, pero usarlo como herramienta de trabajo y mantenerlo en la posición correcta tras un buen rato de exposición, no lo es tanto. Para eso necesitamos un buen soporte, y aquí es donde entra en juego Shoulderpod. Ya os he hablado de ellos unas páginas atrás, pero esta empresa de Barcelona surge gracias a la crisis y a la creatividad e ilusión de sus fundadores: Enrique Frisancho y Ana María Vicens. Las ventajas del soporte de Shoulderpod son su robusta pinza, sus buenos materiales con un mango de madera confortable y la versatilidad de sus piezas, ya que el montaje de cada «grip» depende del usuario y de dónde lo quiera sujetar, puesto que todas sus piezas se adaptan a la rosca de trípode universal. En este punto destaco el modelo S2, a pesar de que cuando yo les pedí unas cuantas unidades, este modelo todavía no existía y nos lo montaron a medida meses después, parece que la elección no fue del todo incorrecta, ya que actualmente aquella configuración forma parte de su catálogo. Cabe destacar que Apple se enamoró de ellos y que la BBC les compró mil unidades de un modelo —a medida— muy parecido al S2, el verano de 2016.

- **Anker powerbank 16.000 mAh** (https://goo.gl/N201nN). Si de algo pecan los dispositivos móviles es de la duración de la batería. Y si alguno habéis tratado de usarlos para grabar y/o editar contenido audiovisual, habréis detectado que la batería se agota en un tiempo récord. Es por ello, por lo que resulta imprescindible que cualquier kit móvil tenga entre sus elementos clave una batería como esta para recuperar la pila gastada lo antes posible.

- **iRig Pre/Pro:** conversor micro TRRS a Canon micro TV (https://goo.gl/LLzyS2). Este es quizás uno de los primeros *gadgets* que un futuro *mojo* debería conseguir. Sin entrar en demasiadas disquisiciones técnicas os diré que la clavija de los auriculares de los teléfonos móviles —si vuestra marca o modelo aún la conserva— es una clavija TRRS —permite entrada y salida de voz y por eso podéis hablar con los auriculares puestos— y la conexión de los micrófonos de televisión y radio es un Canon. Dicho esto, entenderéis que este pequeño adaptador os permitirá conectar vuestro micro profesional a la mayoría de dispositivos móviles. Además, el iRig Pre permite corregir la ganancia del sonido en caso de que estemos en un exterior o interior, o de que seamos tímidos o chillones. En nuestro caso opté por el iRig Pre y no por el iRig Pro, puesto que este último está pensado para los dispositivos de la «manzana», mientras que el Pre se adapta a todo tipo de teléfonos, ya sean Android o iPhone.

- **Micrófono de televisión.** No hay mucho que decir sobre este componente básico. Seguro que todos sabéis a lo que me refiero, y aun así los hay de todas las marcas y colores.

- **Trípode Velbon EX640** (https://goo.gl/ONhXqn). Por último, si decíamos que uno de los mayores enemigos del móvil es la inestabilidad, también resulta muy necesario tener un trípode ligero que podamos llevar a cualquier parte. Tras hablar con varios colegas, los compañeros de YOS CONTENIDOS, me recomendaron el Velbon EX640. Y debo decir que en muchos sentidos es un muy buen trípode a un precio muy correcto. Es robusto, alto y funcional, y solo pesa 1,4 kg. Además, su costillar interno —estructura interna— no nos permite demasiados errores en cuanto a la disposición y estabilidad del mismo.

Este fue el conjunto de accesorios que los compañeros que realizaban la cobertura electoral se llevaron en su aventura durante los quince días de la misma. Con el tiempo, hemos ampliado el número de kits y hemos cambiado algunos de sus elementos (figura 20).

Figura 20.

Enlace: https://goo.gl/KpdmgK

Entre los que hemos añadido, cabe destacar el micrófono de corbata (RØDE smartLav+) con unos resultados sensacionales. Puesto que la longitud de su cable no permite grandes movimientos, adquirimos también un alargador de cable TRRS y, en este caso, no optamos por el de RØDE por ser demasiado largo (6 metros). Nuestra elección fue el StarTech de 2 metros (referencia: MUHSMF2M). Además, también adquirimos algunos focos led de la casa Manfrotto, concretamente los modelos LUMIMUSE de 6 y 8 leds. Para sujetar estos focos es necesario contar también con un adaptador que se coloca en el Shoulderpod y, en este punto, os daré dos recomendaciones que conviven en nuestra redacción: por un lado, el propio adaptador de Shoulderpod; y por el otro, el Phot-R 'L' (Flash Bracket para Flashguns) que, además de sujetarnos el foco, nos permitirá añadirle otro componente como podría ser un micrófono direccional. Un tipo de micrófonos que os recomiendo únicamente si estáis pensando en hacer reporterismo es el RØDE VideoMic PRO. Además de estos *gadgets*, también ampliamos nuestro repertorio con un pequeño adaptador que nos servirá para conectar simultáneamente dos micrófonos al teléfono y unos auriculares para monitorizar el sonido que recibimos; aquí la elección está clara: RØDE SC6. Por último, y teniendo en cuenta que debíamos ampliar nuestra colección de trípodes, decidimos optar esta vez por el Manfrotto MK-Compact en lugar del Velbon, puesto que el Manfrotto plegado es más pequeño y ligero, además de resultar suficientemente robusto para soportar el peso de vuestro dispositivo y el resto de accesorios.

8.2. Las aplicaciones

Y tras el análisis de los principales *gadgets* que usamos en la cobertura del 26-J y que ampliamos posteriormente para el día a día, hablemos ahora de las principales aplicaciones que instalé en todos los dispositivos que salieron de ruta electoral y las que vendrían después:

- **FiLMiC Pro** (Android: https://goo.gl/VV15Mm / iOS: https://goo.gl/yBnvcn). Los *gadgets* son esenciales pero hay aplicaciones capaces de sacar el máximo rendimiento a nuestro dispositivo. Este es el caso de FiLMiC Pro, una aplicación de grabación de vídeo extremadamente profesional y, a menudo, tan completa que puede ser una odisea para aquellos principiantes o para los que no tienen un minuto que perder. Esta es sin duda una apuesta segura y que personalmente compré para todos los teléfonos de la redacción. Aun así, debo reconocer que poco después de las elecciones decidí pasar a la aplicación nativa de grabación por ser más fácil, automática y generar menos errores de foco y luminosidad, ya que no exige tanta perfección en quien la utiliza.

- **AndFTP** (Android: https://goo.gl/82uNZ / iOS: FTP Sprite). Tras la grabación de cualquier contenido, en algunos casos es necesario mandar el material cuanto antes a la redacción, y para eso usamos estas dos aplicaciones que nos facilitaban el envío ágil mediante nuestro cliente de FTP. Con el tiempo, también hemos cambiado la de iOS, puesto que las versiones gratuitas que usábamos en este sistema operativo tenían una dudosa e inestable fiabilidad. Si hoy tuviera que recomendar otra, personalmente optaría por: iFTP Pro (https://goo.gl/cGH9qj) que es la que usamos sin haber detectado, hasta la fecha, ningún tipo de incidencia.

- **WeTransfer** (Android https://goo.gl/qPLiIw / https://goo.gl/hlSUIM). Como nunca se sabe cuándo podemos tener problemas con nuestro FTP o envío, es bueno tener un plan «b». WeTransfer era nuestra alternativa y WhatsApp, nuestro plan «z»..., el último de los últimos. Además de WeTransfer, otras aplicaciones como Flyred funcionan perfectamente.

- **PowerDirector** (Android: https://goo.gl/fNbPVq)/) / **Splice** (iOS: https://goo.gl/wRlwEV). Mi objetivo para aquella primera inmersión completa en el *mojo*, no pasaba por pedirle a nadie que editara sus propios contenidos. Eso sí, a todos les pedí que, antes de mandar una grabación, eliminaran los fragmentos sobrantes, por delante y por detrás, para no consumir excesivos datos y, sobre todo, para agilizar las dinámicas de envío y recepción de sus contenidos. Con Splice esta era una labor fácil de hacer y con Power Director se podía llegar a eso y mucho más, y alguno incluso lo demostró. Por otro lado, muchos dispositivos incorporan una herramienta simple de edición de vídeos que también nos permite cortar y eliminar las partes sobrantes.

- **Quik** (Android https://goo.gl/xFqu5p / iOS: https://goo.gl/EXsxRS). Quik fue todo un descubrimiento y una muy buena herramienta para generar «contenidos resumen» de forma sencilla y muy rápida. Por eso, le pedí al equipo que seguía a los distintos partidos, que cada noche nos mandara su resumen del día en un Quik. Para ello, solo debían buscar todo el contenido que habían grabado o fotografiado en aquella jornada, seleccionar el deseado, escoger un tema visual y una música que ilustrara bien aquel vídeo resumen. Tras esos cuatro pasos, el vídeo quedaba completado en cosa de un minuto, con unos resultados espectaculares.

- **TVU Anywhere** (Android: https://goo.gl/RynaIN / iOS: https://goo.gl/BZ583o). Por último, esta aplicación la dejé instalada en todos los dispositivos por si había alguna emergencia, pero no estaba previsto usarla. TVU Anywhere es la aplicación móvil de la empresa con la que trabajamos para la gestión de las mochilas 4G, servidores y otros tantos servicios. En caso de necesitarla, mi intención era activar una licencia para poder entrar en directo desde donde hiciera falta. En aquellos días de campaña no la necesitamos, pero poco después la incorporaríamos a nuestro repertorio de soluciones para el uso diario. De hecho, actualmente, las conexiones en directo de nuestros corresponsales de Nueva York y Europa son siempre mediante esta aplicación. ¡Se acabaron tantos satélites y los elevados costes de los mismos! Por cierto, por si queréis saber más de este servicio, hoy por hoy, el distribuidor oficial de TVU en España es la empresa Lavinia. En las próximas páginas os contaré algunos secretos de este tipo de emisiones y cómo nos las apañamos para conseguir buenas conexiones en directo.

- **Periscope.** Cómo no, esta aplicación obviamente estaba instalada en todos los dispositivos, ya que en según qué situaciones y también en función del tiempo disponible para preparar una grabación, optábamos por la emisión en directo aportando así mayor agilidad, inmediatez y cercanía con nuestros espectadores/seguidores. Eso ocurría en época de campaña, pero hoy por hoy Periscope y Facebook Live conviven en nuestros dispositivos, puesto que combinamos su uso.

Como os decía, estas fueron algunas de las aplicaciones instaladas, pero no hemos dejado de probar otras tantas para tratar de ir más allá. KineMaster, una de las mejores herramientas de edición en dispositivos móviles, está en algunos de los *smartphones* de la redacción. Y si sois más de iOS y queréis editar desde el móvil o el iPad, no dejéis de probar LumaFusion.

9. Aspectos técnicos que hay que tener en cuenta. ¿Android o iPhone?

Este no es un punto en el que pretenda aburrir a nadie con detalles extremadamente específicos y técnicos, pero sí me gustaría explicar cuatro nociones para evitar que perdáis el tiempo antes de descubrir lo que aquí os apunto.

Uno de los temas más importantes que hay que tener en cuenta, si pretendéis hacer contenido audiovisual con el móvil para que pueda ser utilizado en televisión, es que os aseguréis de saber antes con qué resolución salís en directo en televisión, para tratar de adaptar la calidad y resolución de vuestros vídeos a la de vuestra emisión. En nuestro caso, no llegamos a HD y obviamente emitimos a 25 fps (frames por segundo) pero aun así, la configuración del móvil la fijamos en HD 1280 × 720. Por si alguno está confundido en cuanto al tema de la resolución de la frecuencia de imagen, *frame rate* ('fotogramas por segundo') o «fps», las más estándar son la de 24, 25 y 30 fps; la de 24 se suele asociar al mundo del cine, aunque cada vez hay más directores que prescinden de ella; la de 25 sería la que se utiliza en la televisión europea y que corresponde al sistema PAL, mientras que la televisión norteamericana usa el sistema NTSC, que trabaja con 30 fps.

Otro aspecto que no podemos obviar es el del audio. Y es que teniendo en cuenta que vengo del mundo de la radio, este es un tema que me importa sobremanera. Os aseguro que lo probé absolutamente todo, antes de descubrir lo que ahora os cuento. Para empezar, los auriculares inalámbricos que se conectan al móvil por *bluetooth* no sirven para grabar con la cámara del móvil; sirven para llamar, escuchar música y hablar con alguien por Skype, pero nada más. Así que, si tenéis unos estupendos *airpods*, seguid usándolos para lo de siempre, pero no para el periodismo móvil. Los micrófonos direccionales de los que os había hablado para hacer reporterismo no consiguen un audio que sorprenda, quizás capten algo más que el micrófono del móvil, pero si sois un poco exigentes puede que os decepcionen. Por último, y esto sí es importante, debéis optar por micrófonos con conector TRRS y no por los clásicos TRS. No entraré en detalles en este punto pero aseguraos de que vuestro micro o adaptador tiene un conector TRRS para conectar vuestros auriculares. Bueno, eso siempre que no tengáis un iPhone 7. Esto que os digo parece obvio, pero os aseguro que no lo es tanto. De hecho, hay aún algunas marcas de telefonía móvil, y una de ellas es española, que en algunos de sus terminales, el conector no es TRRS sino TRS. Por eso, sus auriculares no tienen micro —no lo necesitan ya que solo pueden escuchar.

Y antes de entrar en el gran debate, acabemos con un detalle sobre los focos led. Este tipo de soportes lumínicos pueden hacer que parezcáis mucho más blancos de lo que estáis. Así pues, si el sitio no es tremendamente oscuro o estáis frente a un terrible contraluz, usad filtros; y si no tenéis, y tal y como hacía uno de los compañeros del equipo de *8 al dia*, coged un pañuelo de papel y usadlo para crear un filtro casero, que os salvará de más de una.

Por último, y como ya sabéis, uno de los grandes debates en el *mojo* es si deberíamos optar por los iPhone o los Android. Pues bien, como dice mi amigo Björn Staschen: Android y iPhone. Ambos tienen peculiaridades, pero con ambos podemos conseguir grandes resultados. De hecho, en nuestra redacción convivimos con ambos sistemas sin ningún tipo de problema.

No hay duda de que la fragmentación en los Android genera terribles dolores de cabeza a todos aquellos que deciden desarrollar una aplicación profesional. Hay tantas versiones de Android corriendo, y tantos dispositivos y marcas con características tremendamente distintas, que es muy difícil acertar y que funcione en todos los casos. Mientras tanto, el caso de los dispositivos de Apple es mucho más sencillo: un sistema operativo estable, pocas versiones y muy pocos modelos.

Aun así, los iPhone también tienen sus pegas: el hermetismo de su sistema, la menor facilidad de gestión de los archivos almacenados, la dificultad para renombrar los archivos, su elevado coste y, para muchos, la falta del conector de auriculares en la séptima versión de su terminal.

10. ¿Falsos directos o directos? Los secretos en plena acción

Ya con algunas nociones definidas, avancemos con algunos trucos imprescindibles para grabar con un dispositivo móvil:

- **El trípode.** Es importante desplegar correctamente el trípode de forma que no quede torcido. También es muy importante que, una vez tengáis colocado el teléfono sobre el soporte, os aseguréis de que el objetivo de la cámara esté a la altura de los ojos de la persona grabada.

- **Limpiar el objetivo.** Aunque esto parezca una obviedad, teniendo en cuenta que vais a grabar con un dispositivo que se pasa buena parte del día entre vuestro bolsillo y vuestras manos, es habitual que vuestro objetivo no esté demasiado limpio. Por ello, antes de empezar con la grabación, hay que limpiarlo ligeramente y así evitar falsas nieblas.

- **Mirar a cámara.** Este consejo también puede parecer absurdo pero os asombraríais al ver la cantidad de gente que parece tener la mirada perdida cuando se les graba con un móvil. En ocasiones ocurre porque la gente no sabe dónde está el objetivo, y en otras simplemente porque miran el teléfono y no el objetivo.

- **La posición frente a la cámara.** Se decía que hay que grabar, siempre que se pueda, con la cámara trasera ya que la calidad de la óptica es muy superior a la delantera. Y en estos momentos, muchos os debéis estar preguntando cómo vais a saber si estáis bien posicionados delante de la cámara. Pues bien, tras probarlo cinco veces, y sin daros cuenta, veréis cómo os estaréis colocando correctamente, pero por si no fuera así, tenéis dos soluciones: podéis parar a alguien de la calle y preguntarle si estáis correctamente encuadrados o bien, poner tres marcas en el suelo y hacer una grabación de prueba pasando por cada una de ellas. Una vez hecho, revisáis el vídeo y decidís dónde os debéis colocar.

- **Las pruebas de micrófono.** Mientras os colocáis correctamente, podéis aprovechar para probar el micrófono. Los de corbata suelen ser algo más nobles en espacios controlados; en cambio, los adaptadores como el iRig exigen algo más de atención, ya que vienen provistos de una ruedecilla, mediante la cual podéis graduar la ganancia de vuestro sonido. Por eso es tan necesario probar, porque no es lo mismo hacer una conexión desde una habitación en silencio, que desde la calle en medio de una manifestación.

- **Grabando un falso directo.** En caso de que grabéis cualquier contenido audiovisual sin estar en directo, no olvidéis activar el «modo avión» de vuestro teléfono. Si no lo hacéis, puede que recibáis alguna llamada o mensaje inesperado en mitad de la grabación.

- **Precauciones antes de entrar en directo en televisión.** Por último, si en lugar de una grabación tenéis previsto entrar en directo en vuestro programa de televisión, el modo avión no os servirá. Para un directo, necesitáis una buena conexión de datos y, si es posible, una buena red wifi. Para evitar molestias inoportunas, deberíais buscar la opción de «no molestar» de vuestro dispositivo, poner las notificaciones en silencio —no en vibración— y llamar a vuestra operadora para que os faciliten el código que desvía todas las llamadas entrantes al buzón de voz. De paso, pedid también el código para desactivar ese desvío y así, una vez terminada la conexión, lo podéis introducir. También necesitaréis un móvil de retorno para escuchar las preguntas que os hagan desde el plató. Por último, si queréis asegurar la conexión os recomiendo un MiFi —wifi móvil—, ya que un *software* como el de TVU suma los datos del wifi —o MiFi— con los del propio terminal.

Con estas recomendaciones y un poco de práctica, ya sabéis todo lo necesario para entrar en directo en vuestro programa.

11. Enviando nuestra grabación a la redacción

Una vez grabada nuestra historia y todos los recursos necesarios, llega el momento de mandarlo a la redacción. Dependerá de vosotros si mandáis ese contenido perfectamente editado y montado como os gustaría verlo o si, por el contrario, preferís mandarlo todo para que sea montado por otro compañero.

Sea cual sea vuestra elección, para el envío debéis encontrar la fórmula que mejor se adecúe a vuestro flujo de trabajo. En nuestro caso, y tal como tenemos configurados los sistemas, optamos en primera opción por los envíos mediante pasarela FTP. Lo hicimos porque, de esta manera, el contenido enviado se ingesta directamente en nuestro sistema y cualquiera puede acceder al mismo desde su ordenador. En caso de que, por algún extraño motivo, el FTP nos dé problemas, nuestra segunda opción es la aplicación de WeTransfer. Mediante esta aplicación, seleccionamos el contenido, el correo electrónico del remitente y del destinatario, y en cuestión de minutos lo recibirá.

12. La edición de los contenidos desde el móvil

Como os decía, depende de cómo concibáis el periodismo móvil y el contenido final que queráis mostrar; puede que seáis de los que se conformen con la fase de la grabación o de los que queráis pasar también por la edición y su posterior publicación y distribución. Si pretendéis editar el vídeo desde vuestro terminal, os aconsejo encarecidamente que escojáis una buena aplicación para hacerlo. En iOS, LumaFusión y KineMaster son quizás las que están mejor consideradas; y en

Android, sin duda escogería KineMaster. En caso de que su precio os parezca excesivo, PowerDirector es una fantástica aplicación a precio de merienda.

Si finalmente sois de los que quieren completar todo el proceso, editaréis más cómodamente desde una tableta que desde un móvil, pero, aun así, hay producciones excelentes grabadas y editadas desde un *smartphone*.

13. El papel del móvil para corresponsales o coberturas especiales

Desde el programa *8 al dia*, siempre hemos querido ofrecer a nuestros espectadores información de primera mano. De ahí el hecho de contar con dos corresponsales fijos desplazados fuera de casa: Jaume Masdeu desde Nueva York y Albert Segura como corresponsal en el centro neurálgico de Europa. Ellos fueron mi primer objetivo para convertir al periodismo móvil. Su constante movilidad y los prohibitivos costes de las conexiones evidenciaron que era necesario cambiar la manera de hacer frente a sus intervenciones y, de este modo, poder contar con ellos, siempre que la actualidad así lo exigiera. Y es que la diferencia de costes entre una conexión con operador de cámara y franja de satélite o mediante mochila 4G y la que representa una conexión mediante tecnología móvil, es abismal.

De ahí que mis primeras víctimas fueran ellos. Con Albert fue algo más sencillo, ya que el verano de 2016 coincidimos en la redacción y le pude dar el kit en mano y hacerle una clase exprés de cómo había que utilizarlo todo. Con Jaume, y a causa de la distancia que nos separaba, opté por un videotutorial de veinte minutos donde le explicaba con detalle algunos de los trucos que aquí os he contado. Si tenéis curiosidad por ver ese vídeo, lo encontraréis en mi canal de YouTube.

Tras unas semanas de pruebas y más videotutoriales y comunicaciones vía Skype o WhatsApp, ambos se convirtieron en expertos periodistas móviles. Albert, acostumbrado a cargar sus equipos profesionales de aquí para allá, se emocionaba cuando, al cruzar una frontera, sus problemas desaparecían. Además, me escribía emocionado asegurándome lo mucho que todo esto le había cambiado la vida para bien. Por este motivo, he creído oportuno que fueran también ellos o como mínimo uno de ellos, quienes nos explicaran lo que el *mojo* había supuesto día a día.

13.1. Albert Segura

Albert Segura es periodista, corresponsal de *8 al dia* y enviado especial de la radio y televisión del Grupo Godó (RAC1 y 8tv) desde 2007.

«Pip-pip, pip-pip, clonc, pip-pip, pip-pip, clonc». Mis primeras crónicas de radio, en RNE, fueron desde cabinas telefónicas, y siempre se colaba en antena el pitido del crédito agotándose y el ruido de las monedas que, mientras hablaba, tenía que ir introduciendo en la máquina para que no se interrumpiera el directo. De aquello no hace tanto tiempo, hasta que la llegada de teléfonos móviles revolucionó nuestra forma de trabajar y nos hizo independientes de las unidades móviles. Ahora, en la televisión estamos viviendo un terremoto similar con las nuevas generaciones de *smartphones* y la continua mejora de las conexiones móviles a internet.

Desde el pasado verano, he cambiado mi cámara de video profesional (Sony NXCAM Digital HD HXR-NX5E) por un teléfono móvil (iPhone 6s) para grabar mis *stand-ups* o entradillas y directos, e incluso recoger declaraciones, y nadie se ha dado cuenta de la diferencia al verme en pantalla. He preguntado incluso a compañeros técnicos, también de otras cadenas y medios, y no han notado cambios sustanciales en la calidad. Para asegurar la estabilidad de la imagen, la iluminación y el sonido, utilizo un trípode —de cámara de fotos— con un soporte especial para teléfono y foco antorcha led incorporado y también un adaptador de sonido, de *mini jack* a Canon. El iPhone hace el resto: enfoque, iris, balance de blancos... Yo solo debo elegir el fondo de la imagen —ya sea la Torre Eiffel, la Opera de Viena o el Parlamento húngaro— y centrarme en mi texto.

Reconozco que tengo muchas reticencias sobre los abusos del *mojo*; y con conocimiento de causa: soy jefe de sección en ACN, agencia de noticias pionera en el uso de periodistas multiformato. Creo que en muchos casos, cuando a un mismo periodista se le pide que al mismo tiempo dé una misma rueda de prensa o suceso, haga de camarógrafo, fotógrafo y redactor, la calidad de su trabajo se resiente. Pero en otros casos, como el que estoy experimentando esta temporada, el *mobile journalism* tiene muchas ventajas, especialmente cuando se trabaja solo de enviado especial en el extranjero. Precisamente toda la parte técnica nunca se me ha dado bien, añadiendo la dificultad de tener que grabarme a mí mismo. La cámara del móvil me ha facilitado mucho el trabajo, porque se adapta muy fácilmente a todas las situaciones: mis *stand-ups* son siempre por la noche, con muy poca luz, muy a menudo en exterior y con lluvia y viento (figura 21).

La primera ventaja es, sin duda, la agilidad y rapidez. Se terminó tener que cargar con la cámara convencional y todos sus complementos, un trípode muy pesado, un ordenador para poder editar y enviar las imágenes, y estar siempre preocupado en encontrar conexión wifi para enviar —en *Starbucks* y similares—, y electricidad para poder recargar las baterías. Ahora todo mi equipo cabe en mi teléfono móvil, añadiéndole algunas aplicaciones —como TVU Anywhere, Splice, iFTP Pro o WeTransfer—, puedo enviar a la redacción mi trabajo muy rápidamente, en pocos segundos, y en los viajes en avión, por ejemplo, ya no debo facturar equipaje —con el ahorro de tiempo y dinero que conlleva, además del riesgo de pérdida—, y los controles de seguridad son mucho más fáciles y rápidos de pasar. En el Parlamento Europeo de Bruselas, por ejemplo, para meter una cámara de vídeo se necesita una acreditación especial que, desde que uso el *smartphone* para grabar, ya no necesito gestionar.

Figura 21.

Enlace: https://goo.gl/x0vmXJ

También he ganado en discreción. En algunos países —Reino Unido o Francia, por ejemplo— no está permitido plantar el trípode en la calle, libremente, para grabar o hacer un directo, sino que, en teoría, se necesita una autorización. Lo mismo pasa en algunos edificios oficiales, donde los agentes de seguridad siempre se ponen nerviosos y ponen problemas, incluso si intentas grabar en el exterior. Con mi nuevo equipo, puedo trabajar mucho más rápidamente y sin llamar la atención, y montar y desmontar el trípode en un minuto sin que nadie se dé cuenta. Además, también es más fácil conseguir declaraciones, especialmente si se trata de *papus*, gente anónima de la calle o testimonios: la cámara de video profesional les impresiona y ante un teléfono móvil están más relajados, hablan con más naturalidad.

En definitiva, pienso que el *mojo* no debe ni puede sustituir a mis compañeros cámaras. Pero después de haberlo probado, y a pesar de mis reticencias iniciales, creo que en algunos casos y circunstancias, como la mía, puede ser de gran ayuda y facilitar mucho el trabajo.

14. Las emisiones en directo gracias al periodismo móvil

Como ya os he ido contando en este libro y como también escribí en el libro que analiza cómo diseñamos la estrategia digital de las distintas coberturas electorales del 2016, el *mojo* entró de lleno en nuestras vidas a lo largo de la temporada 2015-2016.

A pesar de ello, no fue hasta la temporada 2016-2017, cuando nos atrevimos a hacer conexiones en directo mediante el móvil. Como os decía en el punto anterior, inicialmente fueron los corresponsales, pero jamás descartamos que cualquier compañero de la redacción pudiera entrar en directo con cualquiera de los dispositivos móviles configurados para ello.

Teniendo en cuenta que, desde 8tv ya operábamos con la empresa TVU, finalmente optamos por contratar también con ellos la licencia que ofrecen para los directos desde teléfonos móviles —TVU Anywhere. Habíamos explorado el sector y estudiado las ofertas de LiveU o Dejero, y todas eran muy buenas, pero el hecho de contar con los mismos receptores que nuestras mochilas 4G lo facilitaba todo y nos permitía reducir algunos costes.

Antes de cerrar el contrato, hicimos algunas pruebas y nos topamos con un problema en los dispositivos Android. Su aplicación no ofrecía la configuración para emisiones a 25 fps y aquello nos generó una serie de problemas causados por la conversión. La mayoría de ellos tenían que ver con el audio, a pesar de que la imagen también sufría algunos efectos adversos. Fue entonces cuando por parte de algunos —los de siempre— llegó el ya habitual aviso de que aquello era un invento que no veían claro. Tras ese comentario inicial, el segundo: «Esto está pensado para el iPhone y si lo queréis hacer os tenéis que comprar dispositivos de la casa Apple».

Un tipo de afirmaciones que me parecían absurdas, sobre todo teniendo en cuenta que TVU contaba con una aplicación de Android y que el coste de su licencia no era tan barato como para no poder abrir la boca. Por ello, decidí escribir a los distribuidores de TVU en España para trasladarles los problemas con los que me estaba encontrando. Les adjunté un par de vídeos y el detalle del dispositivo y sistema operativo con el que había hecho las pruebas.

Un mes después, a finales de agosto de 2016, TVU ya disponía de una actualización de su aplicación en Android que corregía aquellos problemas. Fue entonces cuando decidimos firmar y empezar a trabajar con esa nueva funcionalidad.

Desde entonces, no hay semana que no usemos esta aplicación obteniendo unos resultados muy satisfactorios y con unos *delays* que oscilan entre el segundo y segundo y medio. Gracias a ellos, hemos podido conectar en directo desde Bruselas, Luxemburgo, París, Berlín, Niza, Nueva York, Washington y muchos otros lugares del planeta. Y también gracias a esta revolución, hemos podido entrevistar a protagonistas de la actualidad durante cerca de diez minutos sin una sola interrupción. Así lo hicimos, por ejemplo, con el eurodiputado Josep M. Terricabras en noviembre de 2016 desde el Parlamento Europeo (figura 22).

Figura 22.

Enlace: https://goo.gl/Qg5lvp

Capítulo V
Los nuevos retos

Como explicaba hace ya algunos capítulos, la clave de una transformación digital de estas características reside en el hecho de aportar soluciones, evidenciar las mejoras, conseguir que la redacción se integre y las perciba de igual forma, y de seguir evolucionando, siendo pioneros y apostando por novedades, siempre que estén alineadas con nuestros objetivos y el ADN de nuestro producto.

1. Los *gadgets*

Una parte de esa evolución en ocasiones tiene que ver con los *gadgets*. Pero no os confundáis; la tecnología no es la historia, simplemente es una parte necesaria (o no) para contar esa historia. Y antes de adentrarnos en experiencias con nuevos *gadgets*, es esencial valorar si nuestro contenido se adaptará bien a lo que queremos implementar. Y no solo eso, corremos el riesgo de hacer como los políticos en los tiempos de explosión de las redes sociales. Recuerdo perfectamente cómo en 2008, algunos líderes y partidos españoles hacían el ridículo tratando de parecer modernos y cercanos a los más jóvenes, por el simple hecho de mostrar en sus webs de campaña, sus flamantes perfiles en prácticamente todas las redes sociales que, por aquellos tiempos, existían en España. Seguramente, aquello sucedió después de que algún iluminado leyera cuatro artículos sobre la estrategia de 2008 de Barack Obama y que algunos bautizaron como la «Obama Online Operation». La diferencia es que la gente que llevó la campaña de Obama eran jóvenes preparados, algunos con carrera como parte fundacional de grandes empresas como Facebook, como fue el caso del mismo Chris Hughes; la otra diferencia es que los políticos españoles no tenían ni la más remota idea de cómo usar correctamente aquellos canales de comunicación.

Es esencial que valoremos primero si aquello que queremos incorporar en la redacción es un capricho o si, por lo contrario, puede aportar ventajas o nuevos escenarios donde contar nuestras historias. Por eso, os recomiendo que no perdáis el norte con los *gadgets*, ya que podríais acabar viendo los árboles, pero perder de vista el bosque.

2. La revolución del periodismo inmersivo o 360º

Uno de los retos al que nos enfrentamos diariamente los periodistas es el de tratar de encontrar mejores maneras de contar nuestras noticias. La clave es conseguir que nos escuchen y hacer como los cuentacuentos de antaño, que lograban acaparar la atención de su público para acompañarles por la historia que les habían preparado.

En ese sentido, una de las revoluciones del periodismo de nuestros tiempos tiene que ver con lo que algunos han bautizado como «periodismo inmersivo», nombre que recibe por el mero hecho de que la historia atrapa a su espectador, haciéndole sentir que está en medio del escenario descrito.

Además, quien relata la historia, lo hace de manera que pueda ser visto y consumido a gusto de cada uno, como si se tratara de aquellos libros que muchos leíamos de niños y que nos invitaban a escoger nuestra propia aventura. Su contenido suele grabarse con cámaras 360 —graban toda la acción en 360 grados— y el espectador suele consumirlo con gafas de realidad virtual.

Medios como *The New York Times* han realizado algunos contenidos en 360°, mediante los cuales hemos podido vivir en primera persona lo que significa estar en medio de la batalla por Faluya (Irak). Y conste que ellos no son los únicos que han querido experimentar. Grandes corporaciones, pequeños *youtubers*, marcas, agencias de turismo y muchos otros, trabajan generando contenidos para que vivamos sus experiencias de forma única. El sector pornográfico, cómo no, también ha visto en este tipo de narrativa visual un filón importante. Puede que pronto, un buen día y sin darnos cuenta, nos hallemos en nuestro sofá, con nuestra pareja, pero cada uno con sus gafas y su película. Aunque también puede que eso ya os esté pasando.

Y como desde el programa nunca hemos querido quedarnos atrás, y algunas historias pueden explicarse mucho mejor si el espectador decide qué ángulo quiere observar, pasado el primer trimestre de 2016 quisimos invertir en alguna de estas cámaras e ir probando cómo podíamos explicarnos mejor. Y para que veáis que el 360 no se queda en la grabación, cada vez hay más gente retransmitiendo su vida en las redes sociales en directo y también en 360°, tal y como también hemos hecho desde *8 al dia*. La primera cámara que lo permitió fue la Insta360 Nano y la primera emisión que se pudo ver fue por Periscope, el 28 de diciembre de 2016.

3. El periodismo de móvil a móvil

Por último, otro de los grandes retos del periodismo, o como mínimo del periodismo digital, tiene que ver con el dispositivo desde el que se consumen la mayoría de los contenidos. Hoy existen medios que ya están cerrando sus páginas web y abandonando sus aplicaciones por considerar que su público está en las redes sociales, y ahí es donde tienen que esforzarse. Las redes por su parte, cada vez se esfuerzan más en hilvanar nuevas alianzas con los medios, obviamente, para compartir el pastel de la publicidad y poseer más contenido.

Pero más allá de si exponemos nuestro contenido en las redes sociales o en nuestras propias plataformas, ya hay quienes generan el contenido *mobile to mobile*; contenido creado desde un móvil y diseñado y producido para ser consumido desde otro móvil. Y, amigos, eso cambia las reglas de todo. Quienes ya trabajan con esta mentalidad a menudo rechazan trípodes o estabilizadores, puesto que entienden que el contenido está vivo y se mueve, y ya no piensan en clave televisiva, sino que se ciñen únicamente al *mobile*. La llegada del 5G hará que todo esto se acelere y modifiquen los comportamientos y el consumo de vídeos de alta calidad. Si esta es la filosofía que os interesa, debéis seguir a Yusuf Omar, el editor móvil del Hindustan Times.

Capítulo VI
Resultados

Desgraciadamente, a menudo los éxitos se miden con números. Pero más allá de nuestras métricas y de los buenos números que hemos ido cosechando con la aplicación de todos los cambios que os he narrado, el mayor éxito ha sido poder llevar a cabo una transformación de esta magnitud con la libertad y complicidad que he tenido. Y eso se lo debo, en buena medida, a Josep Cuní y a la fe y respeto que él siempre ha tenido por mi trabajo.

1. ¿Prueba-error? El único termómetro

Y aunque, insisto, no quería acabar hablando de números, inevitablemente siempre han estado ahí. Y pese a su poco romanticismo, nos pueden ayudar a descubrir cuáles de nuestras implementaciones o dinámicas nos dan mejor resultado. Y es que, por muchos gurús o vendehúmos que os prometan según qué cosas en algo tan nuevo, el mejor análisis es el prueba-error. Si no os queréis equivocar no hagáis nada, pero más vale probar y arrepentirse, que arrepentirse de no haberlo probado jamás.

Por eso, tras implementar nuevas dinámicas y fórmulas para acercar la actualidad a nuestros seguidores o espectadores, es imprescindible observar durante algunos días cómo han sido recibidos esos cambios. Hay que ser crítico y desconfiado, puesto que lo que hoy es un éxito mañana puede pasar desapercibido. ¡Probad, probad y probad!, y tras analizar los comportamientos, ¡seguid probando! Esta es la única manera de descubrir cuál es el camino que mejor encaja con vuestro producto y público.

2. La respuesta de la redacción

Otro buen termómetro es la respuesta de vuestro equipo humano. En nuestro caso, y salvo pequeñas excepciones, la redacción se volcó desde el primer momento con las novedades que les propuse. Y es que, una vez eliminamos los pensamientos limitantes, ¿quién no querría que su trabajo llegara a más gente?

Pues bien, hoy puedo decir que varios compañeros de la redacción me buscan para preguntarme si me parece bien que, para cubrir un determinado evento, se lleven un kit móvil, puesto que así serán más eficaces. Otros, en cambio, más adictos a las emisiones en directo, a menudo se llevan a sus coberturas un par de *gadgets* para explicar en vivo aquello que sucede. Para estos últimos, un soporte de Shoulderpod y el iRig para conectar su micrófono son más que suficiente.

Sea como fuere, y aunque muchos no me entendáis, las tres citas electorales que vivimos en 2016 fueron una bendición para nuestro equipo. Y lo fueron porque la exigencia e intensidad de estos acontecimientos ayudan a que la transformación digital de la redacción sea más rápida y no acepte contemplación alguna. Cada una de ellas nos hizo mejores, obligándonos a crear estrategias más ambiciosas, a desarrollar mejores proyectos en tiempo récord y a reinventarnos cuando ya creíamos haber llegado a la cumbre.

3. De la web a la televisión. El móvil y la inmediatez

Concluyendo, uno de los mejores indicadores, tiene que ver con la satisfacción de ver que, a diferencia de hace un par de años, nuestra redacción hoy informa permanentemente a la audiencia. Cada día, desde *8aldia.cat*, se comparten multitud de contenidos exclusivos producidos para la web y las redes sociales del programa. Cada día se generan cuatro avances informativos donde aportar la última hora de aquello que nos depara la jornada, emisiones en directo desde los distintos rincones del mundo, contenidos visuales que tratan de explicar lo que ocurre y mucho más. Ese es el mejor de los resultados.

Además, esta innovación nacida para la web y los entornos digitales, nos ha permitido avanzar, adaptando nuestro lenguaje verbal y visual, también a la televisión. Y, a menudo, muchos de esos contenidos generados exclusivamente para la web, han acabado siendo requeridos por el programa televisivo, por ser de altísima calidad y explicar aquello que la actualidad nos servía, de una forma más moderna y visual.

Epílogo

Decía en uno de los últimos apartados que cada una de las campañas electorales vividas nos hizo mejores, obligándonos a crear estrategias más ambiciosas y a reinventarnos cuando creíamos haber llegado a la cumbre. Y es que, en cada uno de los momentos vividos y narrados en este libro de alguna manera llegamos a la cima. Una cima que, a diferencia de las montañas, crece cada día demostrándonos que debemos estar permanentemente dispuestos a volver a alcanzarla.

Por eso, si no anhelamos innovar a diario para alcanzar esos nuevos retos, el proceso nos resultará tremendamente agotador. Del mismo modo, y por la velocidad con la que crecen las montañas en lo digital, es muy probable que algunas de las cosas descritas en este libro ya hayan cambiado; pero eso no es lo importante de este relato ni de nada que contenga en su ecuación elementos tecnológicos o digitales. Lo más relevante de lo que os he tratado de contar tiene que ver con la actitud y creatividad necesarias para hacer aquello que nos apasiona: contar historias. Y hasta aquí la mía.